跨行政区域教育协同发展的实践研究

唐维伦　梁晓琳◎著

中国言实出版社

图书在版编目(CIP)数据

跨行政区域教育协同发展的实践研究 / 唐维伦，梁晓琳著. -- 北京 : 中国言实出版社, 2023.12

ISBN 978-7-5171-4634-6

Ⅰ. ①跨… Ⅱ. ①唐… ②梁… Ⅲ. ①地方教育—发展—研究—中国 Ⅳ. ①G527

中国国家版本馆 CIP 数据核字（2023）第 252824 号

跨行政区域教育协同发展的实践研究

责任编辑：史会美
责任校对：张天杨

出版发行：中国言实出版社

地　址：北京市朝阳区北苑路180号加利大厦5号楼105室
邮　编：100101
编辑部：北京市海淀区花园路6号院B座6层
邮　编：100088
电　话：010-64924853（总编室）　010-64924716（发行部）
网　址：www.zgyscbs.cn　电子邮箱：zgyscbs@263.net

经　　销：新华书店
印　　刷：武汉颜沫印刷有限公司
版　　次：2023年12月第1版　2023年12月第1次印刷
规　　格：710毫米 × 1000毫米　1/16　12.75印张
字　　数：200千字

定　　价：68.00元
书　　号：ISBN 978-7-5171-4634-6

前言 PREFACE

2022年10月，中国共产党第二十次全国代表大会在北京召开，会上习近平总书记作报告，首次以专门章节阐述了科教兴国、人才强国的战略部署，将教育、科技、人才作为全面建设社会主义现代化国家的基础性、战略性支撑，并提出“促进区域协调发展，深入实施区域协调发展战略”。在全国区域化发展不断深入的背景下，打破区域教育发展各自为政、参差不齐的局面，促进区域教育协同发展是促进区域协调发展的核心内容。从多个视角去思考和讨论区域教育协同发展问题，促进教育的高质量发展，将在全面建设社会主义教育现代化的进程中发挥重要作用。

区域教育协同发展是实现社会可持续发展的重要支撑，在当前教育高质量发展时期，如何促进区域教育在组团发展中形成真正合力，如何构建起打破壁垒、共享资源、更加合作、有利于高质量发展的教育统筹体制机制，如何进一步推动教育资源在区域间的合理配置，是区域教育协同发展的过程中无法回避的课题。鉴于此，我们有必要积极探索教育协同发展改革试点，建立跨行政区域教育协同机制。各区域或经济圈应当结合各地整体、全面的持续发展目标，积极推进教育协作、共同发展的改革试点，联合起来力争更加宽松的政策环境，共同探索富有效率的基础教育系统发展新体制、新模式与新机制。

长三角地区、京津冀地区、粤港澳大湾区是我国目前经济迅速发展的三大增长极，这三个区域协同发展的探索具有中国模式的典型性。我们选取了粤港澳大湾区作为区域对象，深入探讨区域教育协同发展问题。而广东省东莞市松山湖高新区作为粤港澳大湾区发展中支撑性、引领性、标杆性的高质量发展示范区，自2017年起逐步落实市强化功能区统筹优化市直管镇体制改革，积极回应国家区域发展战略需求。为此，我们选取广东省东莞市松山湖功能区作为研究对象，围绕跨行政区域教育协同发展将如何统筹、如何协作以及如何共同发展进行实践研究。

我们基于松山湖功能区教育优质共享、均衡发展的理念，构建了统筹有力、权责明确、三级联动的跨行政区域教育管理体制，强化松山湖教育统筹主导权，进而建立了共享合作、机制创新、资源重构的教育统筹融通机制，集中力量聚焦“区域发展—学校发展—教师发展—学生发展”四大教育发展主体，实施一系列的融生路径探索，有效突破跨行政区域教育协同的机制体制瓶颈制约，激活优质教育资源共享共建共生，重构区域间多维创生发展的教育生态。研究的实施有效促进了区域教育高质量发展，在实现区域基础教育均衡发展，建设更加公平的教育公共服务体系方面取得了显著的成绩。同时，在全国基础教育领域，为我国未来跨行政区域教育协同发展提供了具有示范和引领意义的教育协同发展模式。

本书围绕“跨行政区域的教育协同发展”这一主题，由浅入深地梳理了教育发展的区域性与发展区域教育学的内涵，系统地论述了跨行政区域教育协同发展理论基础，以粤港澳大湾区作为区域对象，以广东省东莞市松山湖功能区作为研究对象深入探究了集团化办学、人才协同培养、教育资源共享、区域教育共同体驱动跨行政区域教育协同发展的实践，以期为读者理解与践行跨行政区域的教育协同发展提供有价值的参考和借鉴。

唐维伦　梁晓林

2023 年 10 月

目　录 CONTENTS

第一章

教育发展的区域性与发展区域教育学

第一节　教育发展的区域性与区域教育

一、区域和教育发展的区域性

（一）区域与地区

区域范畴界定是一件非常困难的事情，因为区域本身就是一个层次丰富、具有较强相对性的空间概念。各学科对区域界定提出了不一样的概念，在地理学中，依据自然地理特点将区域认定为地球表面的地域单元；在政治学中，依据行政权力覆盖情况，将区域认定为国家管辖下的各行政单元，其边界线与行政区域界线相吻合；在社会学中，区域是指拥有统一信仰、语言和民族关系特点的人类社会聚落，其边界相对地理区域和行政区划界线更广；在经济学中，区域界定观点众多。美国经济学家胡佛表示，区域是基于描述、分析、管理、计划或制定政策等目的而作为一个应用性整体加以考虑的一片地区，它可以按照内部的同质性或功能一体化原则来划分。中国经济学家指出区域的几个重要特点：目标地区的同质性特点显著；涉及的地区能够作为整体有序协调运转、经济关系紧密、彼此相互渗透交织。安虎森表示区域是从整体上规划、组织、协调与管控经济活动，同时考虑其行政区域要素的空间范围，通常一个区域内拥有一个或多个具备高级循环比重的中心城市，在其周边依附着大大小小多个城镇与乡村地区，区域具备两个重要能力：区外经济联系与区内经济活动能力。本书根据上述概念理解区域的含义。

区域与地区有联系也有区别。地区一般有三种解释：一是较大范围的地方，这点与区域的含义相通；二是我国省、自治区、直辖市设立的行政区域（过去又称专区），这点和区域的含义相近，但区域的含义广泛一些（包含地区以外的范围）；三是指未获得独立的殖民地、托管地等，这点和区域的含义也相近，但本书不研究这类地区的教育发展问题。

（二）教育发展的区域性

教育源自某一特定空间范围，以空间范围大小为标准划分教育，主要包括三个方面：一是国际教育。国际教育是各国基于世界教育资源开展的一系列教育。国际教育依托于各国之间的教育交流来传播教育科学，继而对各国教育产生一定影响，国际教育是借助相同的教育规律实现各国教育的有效衔接。二是国民教育。国民教育有明显的边界，是依据国家领土边界对本国国民开展的教育活动。三是区域教育。区域教育有两种说法：一种是指，基于独立主权国家范围内，特定区域开展的特征相同的教育；另一种是指基于独立主权国家范围内，以国家教育制度为准则，由中央政府对各区域教育进行干预后开展的教育活动。

很明显，这里的国民教育是一个独立国家的教育的总称；区域教育则是对国民教育的分解，是构成国民教育总体的部分，是地方教育。在国民教育研究中，区域教育只是一个质点。各个质点发展的数量和质量的总和，构成国民教育发展的数量和质量。国民教育具有国家层面的教育利益和发展规律，并制约着区域教育的发展。另外，区域教育也有着自身的特殊利益和发展规律，独特的社会经济发展背景，区域政府的特殊影响及其对上级政府的对策行为，有着区域之间的相互作用。研究国民教育的发展，应充分重视区域教育发展的特殊规律，通过各个区域的教育发展来促进国民教育的发展。同时，应把国民教育视为区域教育发展的环境和条件，调动区域发展教育的积极性。

教育体系是整个社会的一个子系统，教育的发展离不开社会经济发展所提供的条件和提出的要求。加快发展区域教育，不仅要认真贯彻国民教育发展的方针和政策，还要研究如何适应区域社会经济发展的特殊背景。与某些发达国家那种自发的、渐进的和自下而上的自然演化不同，我国的教育发展在总体上是后发型的，往往依靠政府统筹，由上而下启动，主要方式是政府调节，次要方式是市场调节。在改变市场参数的条件下，如调整学费收费标准，调整高、中等教育的区域招生计划，调控教育发展的要素等，不同区域会形成不同的教育资源流向及结构，从而形成区域教育的优势和特点。

（三）区域教育

区域教育概念至今尚未形成大众一致认可和明确的概念，简单来说，区域教育不同于国民教育的属性。当前人们多以教育学、经济学和地理学的视角去概括区域教育内涵：对应国民教育的小空间范围的教育发展概念，是一个可以站在整体视角上规划、协调与控制教育活动的空间范围。从内涵上看，区域教育强调三点内容：第一，教育发展要具备差异性与特殊性；第二，行政区域具备调控能力；第三，区位的影响。由此可见，区域教育既属于实体概念，即某一地理空间教育的发展，或是教育发展在某一地理空间上的表现；也是一种抽象的空间概念，是人们观念中形成的空间概念。事实上区域教育概念并无明确的界线。

在计划经济体制下，区域教育的特点并不显著。进入市场经济体制后，区域教育的特点更加明确。一直以来，我国政治经济体制改革步伐不断加快，国家的梯度发展战略逐步落实，不同地区的社会经济发展表现出地方独有的特点，发展模式各不相同，由此衍生出区域经济。在区域经济的影响下，教育领域也开始呈现出鲜明的区域性特点，这种区域差异主要表现在教育发展规模、教育结构与教育效益等方面。

二、区域教育的划分

（一）按行政区划来划分

按行政区划来划分区域教育，即每个行政区域单位都构成一个独立的区域教育单元。我国教育事业主要是按政区推进的，省、地区、县和乡每级每个政区都有不同的社会经济发展特点，甚至构成了特殊的经济区域。同时，一定时期的行政体制特别是经济、教育和财政体制，又规定了各级政区的相对经济和教育利益、发展教育的权利和义务。因此，每级每个政区无论教育发展的结构和规模还是教育教学的内容，都有自己的特点。这种划分可以称之为政区型教育。但对区域教育的这种划分，主要反映的是政区对教育发展的影响，同样不能完全反映区域教育的内部同质性要求。

（二）按社会经济发达程度来划分

按社会经济发达程度来划分区域教育，指根据教育发展的社会经济背景条件的优劣（发达程度）来划分，从而能比较客观地反映社会经济背景的同质性要求。这种划分方法要解决三个问题。一是社会经济发达程度的标准和层次。发达与否是相对的，不同国家和不同发展阶段有不同的发达标准。二是区域的单位和边界。完全按照社会经济背景同质性的要求，区域单位宜小一些，而且应打破行政区划的界线。但这样做往往难以收集研究资料，而且实际工作中也缺乏可操作性，资料比较完整和便于实际操作的是以行政区划为其空间边界。第三点需要说明的是，按社会经济发达程度划分区域教育与按教育的发达程度划分区域教育，无论概念还是结果都是不同的。前者是从教育发展的社会经济条件出发的，后者是从教育发展的结果出发的。

第二节 区域教育发展的含义、模式和形态

研究区域教育发展，首先要明确区域教育的特征，本节的任务是对区域教育基本特性进行具体分析，讨论区域教育发展的内涵、要素和状态等，提出区域教育发展的原理框架。为下一章对不同地区教育发展的分析提供理论基础。

一、区域教育的基本特征

（一）区域教育之间的相对差异性和趋同性

在社会经济发展区域运动规律的作用下，任何区域教育都要受诸多特定条件的强烈影响，在发展的结构、规模、效益等方面表现出相应的差异。区域教育与其他客观事物一样，也有其形成、发展、分化和组合等演进过程。发展的背景条件及其教育的结构、规模改变了，其区域教育的发达程度也就相应改变了，可能从欠发达地区教育演变为发达地区教育，或者相反。如果特定的行政地理边界（行政区划）改变了，其区域教育的行政区划类型也就相应改变了，可能从彼省（市、县）教育演变为此省（市、县）教育；如果所覆盖的特定人口聚落形态（农村或城市）改变了，其区域教育的类型也就改变了，可能从农村教育演变为城市教育。引发区域教育演变的决定性力量是经济发展，经济发展的空间运动将影响区域经济水平和人口聚落形态的变化，乃至行政区划的变动，进而影响区域教育的演变。但是，第一种演变也与教育自身的努力有关。在相同的经济和社会条件下，教育可以在一定幅度之内相对独立地发展。区域教育之间不仅存在相对差异性，而且具有趋同性。一是教育发展的方向和最终目标是一致的。这是社会经济发展规律的反映，是不以人的意志为转移的。即使在一定时间内，有的区域的教育发展慢一些，但发展的方向是没有区别的，最终都要走向共同的目标。二是为了促进区域间教育的协调发展，国家对区域

教育发展必定采取干预措施，这是中外教育发展乃至社会经济发展的普遍现象。三是区域教育的发展由于受国民教育政策的影响和限制，在某些时间点和时间段上不同区域的教育存在相当多的共同之处。当前我国不同区域的教育比较共同的地方就有：政府重视教育，将教育放在优先发展的地位上；重视普及义务教育；重视区域性整体推进素质教育，全面贯彻党的教育方针、全面提高教学质量；注重教育为区域经济和社会发展服务，等等。

（二）区域教育内部的系统性和中观空间性

区域教育内部的系统性包括三方面的含义：一是构成一个区域的教育基本上拥有各个层次（较低层次的区域教育可能没有高等教育，但一定拥有中、初等教育）、各种类型（学前教育、义务教育、普通教育、职业教育和成人教育等）的教育，而且彼此间相互联系和依赖，具备比较完全的升学和招生循环体系。二是区域教育在区域内是一个系统，相对下一层次的区域是总系统，相对上一层次的区域是一个子系统（子区域）。三是作为一个系统，区域内的教育必然发生教育资源的流动，以及输送新生和招收新生等教育生产的循环。也就是说，区域内教育一般都具备比较完整的生产体系和运行体系，有相当幅员的地域作为其教育发育、成长的必要空间，有能够形成一定教育规模的物质要素和调节体系。一所或几所学校、单一的教育结构或运行要素、比较狭小的地带，是不能称其为区域教育的。

所谓教育发展的中观空间性，即教育发展的空间性。到目前为止，人类的所有教育活动，不论处于哪个阶段，属于哪种类型，采取哪种形式，其发展都是以一定的空间区域来表现的。传统教育发展中学校的扩张、教师和学生数量的增加，其空间性自然十分清楚。信息化时代的网络教育虽然极大地扩大了教育的时空距离，甚至虚化了教育者和学校，但是其受教育者仍然具有一定的空间区域属性。

（三）区域间教育利益的一致性与矛盾性

在教育的总目标和根本利益上，国民教育与区域教育之间、各个区域教育之间是一致的，但不同阶段的教育目标和教育利益则可能不一致甚至是矛盾的。区域教育机构在很大程度上要受区域利益主体的影响，甚至成为他们利益的代表。区域为了保护和扩大本区域的教育利益，必然希望形成相对竞争优势和比较利益优势，从而同其他区域竞争教育资源，中央政府教育政策倾斜和教育投资。在区域教育利益和比较教育利益驱动之下，教育的资源必将形成跨区域的流动。在缺乏保护的情况下，欠发达地区将要为发达地区承担教育成本和转移要素。同时，欠发达地区的教育积累能力将大大拉开与发达地区的距离，教育发展能力也随之下降，形成马太效应。为了寻求对本区域教育发展的保护，欠发达地区必然向中央政府寻求行政手段上的帮助。面对国民教育与区域教育之间的矛盾性，中央政府出于对国民教育的整体利益考虑，必然会对区域教育的行为加以限制，要求区域政府的教育行为(包括区域性教育法规和政策、教育发展计划及其调控手段等）必须以国家的教育法令、法规和政策为依据，服从国民教育的整体利益的需要。

（四）教育运行和管理的相对独立性

教育发展具有其内在的规律性，区域教育的发展更有其特殊的规律性。因此，区域内的教育一般都形成了相对独立的管理协调机制，比如具有统一的或比较一致的组织、计划等，政策上具有一致性和连续性，协调各种教育活动以及教育与经济、社会发展的关系比较容易，教育资源各种要素的流动较少地受到限制，师生的待遇（如各级各类学校的招生条件、新生入学的待遇等）差距不大。而相对其他区域来讲，由于利益主体和组织、计划、协调、控制主体不同，教育发展的条件有别，因而其政策必然存在一定差异，从而使区域间教育的互通与合作、教育资源各种要素的流动存在一定困难。比如教师就不可能无条件流动，各级各类学校的招生就不能划定同一录取线等。

二、区域教育发展的内涵

关于教育发展的含义，目前也没有比较统一的提法。联合国教科文组织编写的《世界教育报告》《中国教育统计年鉴》在整理和提供世界教育发展进程的资料时，确定其指标体系为：①教育供给（资源），包括公共教育开支占GNP和政府公共总开支的百分比，各级教育公共开支分配的百分比，生均公共日常经费开支，生师比等；②教育需求，包括成人文盲数，教育成就（25 岁以上人口受教育程度，可以理解为教育需求和教育产出的指标）；③入学和参与，包括净入学率、升学率、预期受教育年限、毛入学率等；④教育内部效率，包括留级率、效率系数、毕业生的平均投入；⑤教育产出，包括识字率和教育成就。联合国教科文组织这个指标体系的理论框架是：教育发展与政治、经济、社会（主要是文化和人口）相互作用，互为因果，因而把人口、GNP、文化和传播等指标作为教育发展的重要组成部分，以说明其外部环境；教育供给和需求状况是决定教育发展的直接因素，其中教育资源的供给状况决定教育发展的能力，教育的需求是教育发展的重要动力，供求平衡是教育发展相对水平的重要标志；公平和效率是教育发展的目标与重要战略。

国内对教育发展的定义一般涉及教育思想和观念的更新、教育制度的进步、教育数量（规模）的扩张、教育结构的转换、教育条件的改善、教育效益的提高。谈松华、王蕊、王建认为区域教育现代化的内涵，应对教育生产力、教育制度和教育思想观念进行定性规定，对教学内容、教育管理水平和教师队伍素质、教育发展规模、教育投资和教育信息化积蓄等进行定量规定。王绽蕊认为，教育思想和观念的先进性是教育发展的重要前提和标志，教育观念是教育发展的先导，发展教育的动力来自教育思想和观念的革新；努力程度是教育发展的重要保证和标志；教育在区域社会、经济和文化生活中所起的积极作用，国民接受教育的机会和程度以及教育的质量和效益，是教育发展的主要目标；教育信息化和法治化程度、终身学习体系的完善程度，是区域教育发展程度的重要体现。根据上述理论框架，王绽蕊还拟出了衡量区域教育发展程度的指标体系。这些研究比较全面地反映了当代的教育发展观，可以作为认识教育发展含义的理论依据。此外，还有一些学者提出了比较精当的见解。

上述研究实际上已经概括了教育发展的含义，大致可以从以下九个方面来把握。

（1）教育的思想观念。这是教育发展的重要前提和标志，主要表现为社会经济与教育协调发展的观念、全民教育的观念、各级各类教育协调发展的观念、受教育者全面发展的观念等。

（2）教育发展的结构和规模。主要表现在学前教育、初等教育、中等教育、高等教育和特殊教育的入学率，每万人口中在校大学生数和研究生数，普通高校在校生中专科生、本科生、硕士研究生和博士研究生之比（反映各级教育的发达程度）；中高等职业教育占同层次教育的比重，普通高校与成人高校在校生之比（反映教育的类型结构）。

（3）教育发展的速度。主要包括公共教育经费年增长率、中等教育在校生年增长率、高等教育在校生年增长率、研究生在校生年增长率等。

（4）教育发展成果。主要包括 15 岁以上人口的识字率、人口平均受教育年限（或预期受教育年限）等。

（5）师资队伍。主要包括各级各类学校专任教师的学历标准、学历合格率、高一级学历拥有率、各级各类学校生师比、每 10 万居民中的大学教授数量等。

（6）教育发展的效益。主要包括各级各类学校在校生留级率、辍学率和毕业率，教育对社会经济发展的贡献率等。

（7）教育投资。主要包括公共教育经费占 GDP 或 GNP 的比例，人均公共教育经费、公共教育经费占政府公共财政开支的比例（反映教育经费的丰裕程度和政府发展教育的努力程度）；教师人均工资在各行业中的位次（反映教师在社会中的政治、经济地位）。

（8）教育的信息化程度。主要包括各级各类学校学生装备计算机的比例、计算机开课率、上网率、教育教学活动应用信息技术的比例和质量、教师的信息技术水平等。

（9）教育管理。主要包括教育发展体制、投资体制和管理体制的科学程度，教育规划和政策的合理程度，教育立法的健全程度，教育执法的严谨程度，政府和公民对教育法律的普及程度以及依法发展或接受教育的意识水平。

三、发展区域教育的要素

（一）教育人口和自然条件

教育的对象是人，教育人口的数量、质量、年龄结构、地理分布（密度和均匀度）在一定程度上决定着生源的数量和质量、教育结构、学校的位置，从而影响教育资源配置。自然条件又叫自然环境，包括地形、气候、水文、生物、土壤等各种要素，是教育资源配置的物质基础，影响教育发展的成本。比如学校建设的布局、校址选择、校园用地征用等，要受自然条件的制约。所需要的一定面积的平整土地，在山区和大城市市区就比较困难；所需要的木材等材料，在半沙漠地区和湖区就比较困难。自然条件影响学校环境和生活质量。历史上的学校选择大都取向于名山大川，因为优美的自然环境能营造一种宁静的学习气氛，有利于陶冶人的情操。自然条件还会影响教育成本和教学内容。比如高寒山区学校的教学效率就低于平湖区学校，不同自然条件下的水文、生物、土壤等还会造成学校教学内容（地方课程）的差异。

（二）教育资本

维持现有教育结构、规模和质量或优化结构，扩大规模和提高质量，都必须凭借一定的教育资源，这些教育资源可称之为教育资本。按照不同的存在形态，教育资本可以分为物质资本、人力资本和技术资本。

1. 区域教育发展的物质资本

教育发展的物质资本属于发展经济学中直接增加社会福利的一般社会资本，按其存在方式可分为固定资本和流动资本。固定资本指在教育生产过程中能够长期存在（通常在 1 年以上）并发挥作用的种种物质基础，如校园校舍、教学和生活设施、实验实习基地、图书资料等。固定资本的特点，一是教育投资（教育资本形成）过程的最终结构，在很大程度上代表着现有教育供给能力；二是比较耐用，其存在期长于一个会计年度（1 年）。流动资本指那些能够很容易转化为固定资本的资产，如流动资金等。区域教育发展的物质资本水平可用人均（或教育人口平均）资产来表示，如人均（生均）校园校舍面积、教学和生活设施等。

物质资本与人力资本、生源等一起构成教育发展的基本要素，在人力资本和生源能够得到满足的条件下，只要增加物质资本投入，就能有效增加教育机会的供给或教育产出，提高教学质量和教育投资的效益。一般来讲，经济发展水平较低→教育投资不足→教育资本形成和教育供给不足→社会的人力资本低下→社会生产率难以提高；或者相反。

但适当地改变投资结构，加大（或减少）教育资本投入，可以在一定程度上打破上述循环。考察物质资本在教育活动及其教育发展中的重要作用，可以从静态和动态两个角度进行。从静态的角度来看，主要表现在：可以增加教育机会供给，扩大教育规模，改善办学条件，增加教育教学投入，从而提高教学质量和教育投资的效益；可以改善工作和生活环境，减轻劳动强度，替代并节约教师的劳动投入，提高教师的工作积极性和劳动效率。从动态的角度来看，主要表现在：可以加快教育规模的扩张和结构的优化，从而加快教育发展的步伐，而教育的快速发展，可以加速科学技术的发展与转化、劳动者素质的提高，从而推动社会经济的快速发展，进而增加对教育的投资，形成良性循环。

2. 区域教育发展的人力资本

教育发展的人力资本是指体现在区域全体教育工作者队伍（主要是师资队伍）方面的、以教育工作者的数量和质量来表示的一种教育资本类型。其中，质量包括体质和智能两个方面，智能主要指教育工作者的受教育程度、素质、能力、专业化水平、工作熟练程度、工作态度和创新能力等。很明显，教师充沛的精力和健壮的身体可以增加劳动供给；较强的创新能力可以较多地从事教育科学研究，寻找和解决教育教学中的理论与实践问题；较高的知识水平和专业技能可以较快接受并运用新的教育思想、技术与经验，从而提高教育生产力，增加教育产出。教育发展的人力资本与物质资本有很大区别：物质资本可由他人继承或由其所有者转让出去，人力资本则不可由他人继承或由其所有者转让出去；物质资本在教育发展中的作用比较简单，人力资本的作用则比较复杂；从资本的形成过程、投资的范围和内容来看，两者也迥然相异。区域教育发展的人均资本水平可用人均（或教育人口平均）教师数量和质量来表示。与物质资本不同，人力资本的投资主体主要是政府。

人力资本对区域教育发展有推动和促进作用。区域教师队伍的数量直接决定区域教育发展的规模，区域教师队伍素质的提高，可以激发学生学习的兴趣，从而吸引更多的学生入学；可以提高教学质量和教育投资效益，从而使一定投入的物质资本获取更多更好的教育产出，引导更多的社会资源投入教育，增加教育的物质资本和教育机会供给，从而加快区域教育的发展。另外，区域教师队伍结构的改变，可以推动区域教育结构的优化，从而在不增加其他要素投入的情况下改变教育产出的结构，提高教育投资的效益。

3. 区域教育发展的技术资本

教育发展的技术资本在广义上包括教育思想、教育理念、教学组织形式、教学设备等。教育技术资本的增加对区域教育发展具有十分重要的作用：改变教学方式和教学手段，比如班组教学之于个别教学，信息技术发展带来的远距离虚拟教学之于面对面的班级教学，信息技术与学科教学整合而引发的教学手段和方法的变革等；可以促进教师业务能力的提高，比如教师引进、创造并运用新的教育思想、教育理念、教学方法和手段，可以有效地提高自己的教学能力，从而极大地提高教学质量和效率。

（三）公共基础设施

区域教育发展的公共基础设施包括三类。一是为教育活动服务的公共设施，如通信、交通、供电、供水等。这类设施主要为社会的生产生活服务，也为教育活动服务，是教育资本发挥效益的必需条件，教育机构的正常运转离不开它们。这类设施服务虽然需要付费，但却是教育机构无法独立承担投资的，否则，将大大提高教育成本。而且这些产品必须由政府提供或投资兴建或限制有关组织限价提供，不能完全由私人提供。二是为师生当前生活服务的公共设施，如医疗卫生机构、公园和娱乐设施、商业网点等。它们也是教育机构正常运转所必需的配套条件，但同样不是教育机构能独立承担投资的，否则也将大大提高教育成本。三是为教育要素发展服务的公共设施，如配套的教育设施、人才市场、产权市场等，同样不应由教育机构独立承担投资。

（四）间接要素

区域教育发展的间接要素有三个。

1. 制度安排

制度安排反映政府对教育发展的态度和措施，表现在教育发展战略、计划和措施，即教育发展在区域社会经济发展中的位置，以及教育发展的部署和安排。包括教育发展的指导思想、目标和任务，各级各类教育发展的各项指标和主要比例关系，执行教育发展战略和计划的对策。

2. 教育思想和教育文化

教育思想包括教育者用什么样的思想来实施教育，政府把教育发展摆在什么位置上、用什么样的政策来发展教育，个人的教育意愿（对教育的看法）和结构（要求上什么样的学校等）。教学思想存在传统教学观与现代教学观在区域间的特质和密度的差异问题。比如教学目标上以传授知识为中心，还是以人为本、呼唤人的主体精神，重视学生的发展；培养规格上重视统一要求、一个模式，还是承认和尊重学生的差异，树立个性教育意识，重视差异性教育；教育主体上以教师为主体、重教师的“教”，还是以学生为主体，重视学生的“学”；教学方法上重结果、以单向信息交流为主，还是重过程，实行双向信息交流；师生关系上师道尊严，教师居高临下“我教你学”，还是建立师生平等和谐的关系。

教育文化是关于教育的价值观念、风俗习惯、人文历史传统，它们常常以一种“遗传基因”的作用方式，影响所在区域的人们的心理素质、思维方式和价值观念，使之深深打上本区域、本民族的文化和历史特点的“烙印”，从而深刻影响教育资源的配置。而且教育文化的差异还会影响人们对教育政策的理解和执行，从而造成教育制度创新的区域差异，进而影响区域教育的发展。

3. 环境

包括政策环境、信用环境。政策环境既指发展教育的政策措施，又指政府执行这些政策措施的力度，服务学校、管理教育的水平和服务意识。信用环境指学校与教师、学生之间，政府与学校之间的信任关系与信任程度。环境质量的差异，同样影响区域教育的发展。比如吸纳教育资本投资的多少，就与教育投资环境的优劣有很大关系。

四、区域教育发展的状态

（一）区域教育的规模发展观和整体发展观

所谓规模发展观，即认为区域教育的发展主要表现在教育的数量指标增长，包括教育规模的扩张、发展速度的加快和教育投资的增加。规模发展观常见的衡量指标为：初等、中等和高等教育的学龄人口的入学率；办学条件的优劣；教育的储量，包括每万人口受过各级教育的人数、人均受教育的年限等。

规模发展观从20世纪60年代起开始在国外盛行。当时经济高速发展，经济和社会的许多问题在经济发展中暂时得以缓解和被掩盖。这种现象给人们造成了一种错觉：经济发展就是GNP或GDP的增长。与此相联系的主流思潮是“现代化理论”和“人力资本论”。现代化理论认为：现代化就是实现西方的工业化，工业化的核心在于人的现代化，而教育是塑造“现代人”和“现代社会”的主要途径，因而发展教育是实现现代化的关键，从而形成了这样的逻辑结论：大量的教育投资→现代化的意识和行为→现代化的经济与社会。

规模发展观促使世界各国的教育得到了空前的发展，但不久由中东石油危机引发的经济危机，造成了经济衰退和大批技术人员、熟练工人失业，学校毕业生就业不畅，进而造成教育经费被相对削减，教育发展出现波动，从而引发人们对经济和教育发展的理论进行反思——经济发展不单是完成经济目标，而应同时重视社会目标的增长；教育发展是经济和社会发展的必要条件，但不是充分条件，对教育的高投入并不会直接等同于经济的高收益。

进入20世纪80年代之后，人们开始用较理性的眼光对待教育，使各国教育得到了一定恢复和发展。发展学理论在这个时期也有了新的进展：发展的经济目标和社会目标是不可分的，两方面共同组成发展的整体进程；发展进程应有人们的广泛参与并分享其成果；发展要以社会和人的需求为出发点，以深刻的国内外政治和经济体制变革作保证，与环境相协调；人们的观念转变对发展至为重要，不发达也表现为一种心理状态。在这个背景之下，教育发展的观点得以新的升华，产生了所谓整体发展观。整体发展观认为，区域教育的发展除了规模的扩张之外，还包括教学质量的提高、教育结构的转换和教育效益的增强。质量、结构和效益共同构成衡量区域教育发展的指标体系。区域教育发展首先是一个规模大小的问题，它表明在多大程度上满足了社会和个人的需求，没有规模就谈不上质量、结构和效益。质量是区域教育发展的本质规定，没有一定质量的规模等于没有规模，甚至是对教育资源的浪费；结构是区域教育满足社会经济发展的形式，是反映质量水准的重要因素，同样制约着规模的扩张；效益作为教育的产出投入比，反映区域教育的运行素质，是与规模相辅相成的。追求区域教育的发展，要坚持规模、结构和效益的有机统一。

（二）区域内教育的充分发展

区域内教育的充分发展指教育与区域社会经济相适应（适度超前）的发展。一是教育投资的充分性，即在地方政府财力和居民收入水平能够承受的前提下，为教育发展提供尽可能多的财力，使区域教育形成尽可能大的规模和尽可能好的条件，为居民提供尽可能多的教育机会。二是教育结构和规模的充分性，即区域教育的各个层次、类型、学科比例和规模，与社会经济发展对人才需求相适应，为居民提供尽可能多的选择教育的机会。三是受教育者发展的充分性，即通过教育教学活动，最大限度地适应和促进学生的发展，使之成为适应社会经济发展的合格劳动后备军或更高一级教育的合格新生。

（三）区域内教育的协调发展

协调有两方面的含义。一是作为一种组织管理工作，是动词性质。比如为了实现国民教育的持续、健康和快速发展，需要处理和解决好国民教育的内外部各要素、各系统间的关系，这里的“处理和解决好”就是协调。二是当作事物发展的一种态势，协调及与其相对应的不协调是形容词性质。比如由于对国民教育发展进行科学的宏观调控，其发展态势呈现为持续、健康和快速，这里的“持续、健康和快速”就是协调。区域教育发展以人口、社会、经济、科技和资源为外部环境，以内部的结构、规模和效益为子系统，是一种相当复杂的综合系统。系统的内外部各要素之间和各子系统之间相互影响，互为因果。区域教育协调发展的主要含义是：①区域教育发展与区域社会经济发展的协调；②区域教育发展与受教育者个人的发展相协调；③区域教育内部结构、规模和效益之间的协调。很明显，区域教育协调发展的核心和实质是教育内部结构、规模和效益之间的协调，协调发展包含了充分发展。

区域教育的协调发展是一种教育发展观。一定区域的教育从不发达向发达转变的过程中，既包括结构的演进和规模的扩张，又包括效益的提高，如何看待这些概念和以谁为发展的重心，形成了各种不同的发展观。协调发展又是一个动态的历史发展过程。同任何其他事物一样，区域教育的发展也是一个由量变到质变的自然历史过程，具有明显的阶段性。在不同的发展阶段，教育发展的背景条件和具体目标不同，因而协调发展的内涵也不同。一成不变、永远最优的协调发展状态是不存在的。

（四）区域间教育的相对均衡发展

均衡有两方面含义。一方面是事物发展的一种状态，均衡或不均衡，是形容词性质。比如对国民教育发展进行合理的宏观调控，使其不同区域间发展的结构、规模和效益相近，这里的“相近”就是均衡。另一方面是促进事物发展的一种策略，作定语用。比如为了发展教育采用均衡策略，可能使区域间教育的发展相对均衡；采用非均衡策略，可能使区域间教育的发展比较不均衡。这里主要针对第一层含义。

改革开放40多年来，我国教育事业取得了巨大发展，国民的受教育水平大大提高，但仍然存在教育机会不均等的问题。比如区域间教育机会供给不均等，城乡之间、发达地区与欠发达地区之间，教育机会供给的数量和质量都相差很大；入学机会的不均等，不同区域和不同家庭背景的学生的中等特别是高等教育入学机会相差很大。造成教育机会不均等的原因，主要是区域社会经济发展的不均衡、学生家庭的社会经济背景的不均衡、教育投资的区域间不均衡等。我国区域间教育均衡发展的相对性是具有相应的客观基础的。

（1）区域利益的相对独立性。教育发展主要按区域推进，而区域都是相对独立的利益主体，因而在开发和配置教育资源时必定优先考虑本区域的利益，从而不利于教育资源配置的区域间均衡。

（2）教育发展的特殊性。我国教育人口规模巨大，教育资源短缺，教育机会竞争激烈。义务教育在多数地区普及的质量不高；高中阶段教育发展不足，特别是优质高中阶段教育资源不足；高等教育近几年虽有较大发展，但缺乏持续发展的后劲；职业教育和非正规教育比较薄弱；重数量扩张、轻质量和效益提高的现象还比较普遍，需要用较长时间和较大力气才能克服。

（3）各级各类教育的特殊性。一是有些类型、层次和专业教育具有自身固有的弱势性。比如职业教育培养的是生产、服务和管理第一线的技术人才，这些人才在社会分层上一般处于中下层。在职业仍然是谋生手段和社会地位象征的条件下，家长和学生必然对职业教育持轻视的态度，而且职业教育的成本比较高。二是有些类型、层次和专业教育发展任务的艰巨性。比如职业教育，发展的时间短，先天投入不足，体系不完整，因而发展的任务十分艰巨。三是有些类型、层次和专业教育的外部性。比如一类教育的适度发展，有利于整个社会教育的结构优化和效益提高；如果过度发展或发展不足，则造成整个社会教育结构的不合理和效益的低下。以普通教育为例，其外部经济性表现在有利于加强各类教育的文化基础，提高教学质量和全社会的科学文化水平；其外部不经济性表现在其规模过大或过小时，会影响整个社会教育结构，进而影响社会人才结构的合理性。从受教育者的角度也可分析其外部性。比如就读职业教育的外部经济性表现在有利于合理开发和利用教育资源，缓解普通教育的扩容压力和升学压力，促进教育结构和社会人才结构趋于合理；外部经济性则比较弱，几乎不会对接受其他教育的学生带来负面影响。因此，期望在区域间实现各级各类教育的绝对均衡发展是不现实的。

第二章

跨行政区域教育协同发展理论基础

第一节　跨行政区域教育协同发展理论依托

本书以跨行政区域协同发展为研究重点，本节主要梳理“协同”“协同论”“系统论”“协同发展”等理论及其内涵，厘清跨行政区域教育协同发展的理论基础和依托，为接下来的实践研究提供指引。

一、协同理论及其内涵

（一）协同的内涵

协同是指通过系统内部各要素彼此影响与协作，以提升系统整体功能，使其优于内部各要素功能和的一种整合状态①。协同是一种保持长久稳定的良性关系，也是指内部实现动态平衡的一种状态，系统中的要素确立相同的规划与愿景，彼此相互影响与促进，秉承风险、资源与收益共担的原则，建立全新的权力结构体系，“协同”突出达到理想状态的作用机制。不论是自然界还是人类社会，其内部各系统的状态通常为有序或无序，有序状态中内部各要素相互协同，无序状态则是混乱，在特定条件下，二者可以相互转化。所有系统演变发展都将逐步趋向于协同，如果系统内部要素之间的协同能力不足，协同效应欠佳，那么整个系统必然混乱，系统整体功能也就无法展现出来。反之，如果系统内部各要素可以有效协同，协同效应出色，那么系统整体功能效果必然要优于各要素功能累积的结果。

（二）协同论

“协同论”由德国物理学家哈肯首次提出。协同论以系统为研究对象，主要研究开放的、复杂的系统从无序向有序状态的演进过程，归纳概括出各系统共同的演进规律。通俗来说，就是研究一个系统中的各个子系统之间怎样产生协同作用而推动系统从无序走向有序，有序结构形成之后又会如何发展变化，

① ［德］赫尔曼·哈肯．协同学：大自然构成的奥秘［M］．上海：上海文艺出版社，2005.

而这一系列变化的本质规律是协同论的研究重点。

在哈肯的协同论中，自组织原理、伺服原理、协同效应原理是最重要的基础性原理。自组织原理强调的是庞大系统中的子系统的自主性、开放性、互通性，各个子系统或者子系统之间通过发挥非线性作用而自行运行。伺服原理又被称为支配原理，包括“快变量”和“慢变量”。发挥作用小的是快变量，发挥作用大的是慢变量。伺服原理就是快变量服从慢变量，当一种或少数慢变量在系统中占据主导地位之后，系统随之从无序逐渐转向有序。协同效应原理是指子系统通过积极的非线性的协同作用，系统获得 1+1>2 的协同效应。有研究者提出，协同论的运用对象应该是一个具有多种自组织的较为宏大复杂领域，各个自组织本身能够按照自身的运行规律和规则发挥作用，协同学强调各个自组织按照非线性原理实现作用发挥的最大化、功能的集成化，最终产生协同效应。

协同论是解释和探究一个包含若干子系统的总系统通过协同及其作用的发挥，最终实现从无序到有序的转变的理论。作为一个物理学概念，协同论逐渐被迁移应用在经济学、管理学、教育学等领域。陈峰认为，协同论的基本思想运用到教育领域就是要追求整个教育系统的协同效应。而区域教育的发展不是平面的单向度的、线型的，它表现为一个多维交叉、多元体参与的纵横交错的立体化、动态化的复杂系统。

推动跨区域教育协同发展就是要突破和整合区域间的教育组织、政策措施、资源等子系统，推动各区域教育自组织产生协同效应，实现区域教育共同发展。协同论能够为跨行政区域教育协同发展提供理论基础和指引。同时，我们可以运用协同论对区域教育协同发展的研究成果进行反向思考，发现各要素在系统演进过程中发挥的作用，发现各要素之间的影响机制和协作模式，从而有针对性地促进各区域各要素间的协同作用，使系统自发地从无序状态向有序状态演进，达到动态平衡的状态。

（三）系统论

系统论是由美国生物学家贝塔朗菲创立的，1945 年其著作《一般系统论》

的发表，代表着系统论的正式诞生。在此之后，1969 年普利高津提出的耗散结构论和 1976 年哈肯提出的协同理论都是对系统理论的完善和延伸。系统论是研究系统的功能性质、发展规律和结构模式的理论。系统论的诞生帮助人们从全局角度出发去把握事物之间的相互关联，开拓了人们的思维和研究视角。

系统论强调动态平衡性，系统是开放的、复杂的系统，系统内各要素相互影响、相互协作的同时，系统与外部环境也在不断地发生交互作用，交换物质、能量和信息，在各要素之间的协同作用和系统与外部环境的交互作用下，系统有序发展，达到动态平衡的状态。系统论强调自发性，系统的结构和功能不仅受到系统内部要素之间协同作用的影响，还会受到外部环境的影响，当系统受到外部环境的干扰时，将会自发地重新组织，达到一种全新且稳定的动态平衡的状态。整体性是系统理论的核心，“整体是要素的整体，要素是整体的要素”是系统论的核心观点。

根据系统理论的内涵，可以将一个地区整体的教育系统视为一个复合系统，将地区内各省市的教育系统看成构成复合系统的子系统，而子系统又可以视为由教育规模、教育投入以及教育产出等不同要素构成的系统。复合系统内的各子系统之间相互协作、共同发展，开展有序分工和合作，从而使地区整体的教育系统有序发展，其整体功能大于各省市教育系统的功能之和。而同时，在我国整体的教育复合系统下，一个地区的教育复合系统又是一个与其他地区教育复合系统进行资源共享和信息交换的开放性子系统。所以在复合系统内部各子系统相互影响、相互促进，产生协同作用，使地区教育复合系统整体功能大于各省市教育子系统功能的简单加和，促使地区教育复合系统向动态平衡的状态有序演进，复合系统最终达到稳定有序的状态。跨行政区域间教育的协同发展能够使区域教育整体功能大于各区域独自教育功能之和，实现教育共同发展的效果，因此，研究我国跨行政区域间教育的协同发展具有十分重大的意义。

二、协同发展及其内涵

协同发展是在协同论基础上的延伸和扩展，协同发展是对“协同”和“发展”概念的应用和升华。协同发展既是一种反映协同的状态协同效应，使得各子系统拥有一致的发展方向和速度，达到系统整体功能大于局部功能之和的效果。协同发展既是一种动态平衡的状态，又是一种反映系统有序演进的过程。当系统内各要素在演进过程有一致的发展方向和程度时，表明要素之间在进行协同发展，整个系统朝着动态平衡的状态有序发展。

协同发展理论对世界各国与行政区域的经济发展具有一定指导作用，是支撑各地区和国家长久稳定发展的重要理论。一个系统借助自身各要素之间的协同配合展现出更加出众的整体功能优势，使其优于局部功能累积之和。这一过程展现出系统各要素彼此配合协作的整体性，也可以看出系统整体对自身结构进行改进后的良好成果。协同发展广泛存在于各个领域当中，是领域内长久存在的一种普遍现象，也是系统对自身结构进行改进革新后的发展方向。人类社会与自然界都是复杂且极易变化的系统，倘若系统内部要素之间不能做到有效协同，必然影响系统自身发展，导致系统内部混乱，内部资源利用率低，各要素功能得不到充分发挥，这种情况下系统整体功能也无法全面展现出来。但是，若系统内部各要素可以彼此协作互补，形成理想的协同效应，必然可以提高系统整体功能，使其优于局部功能累加之和。

从概念内涵上看，协同发展强调发展过程中的相互联系与相互影响，追求平衡与稳定性的最终发展。协同发展与协调发展有所区别，协同发展强调有统一的联合与合作发展目标和规划，有高度的协调性和整合度，共同形成统一的区域市场，具有严谨和高效的组织协调与运作机制，内部区域平等开放。

结合以上关于协同发展的理论成果分析可知，我们提出的跨行政区域协同发展包括两种情况：一是行政区域内部协同发展，这种发展指的是行政区域内部教育、经济、政治等各子系统彼此影响与作用后，主动形成的跨行政区域协同作用，最终确立一种具有稳定性与动态化特点的系统结果。二是各行政区域之间实现协同发展，这种发展衍生于各行政区域彼此相互协同和影响，基于协同效应所形成的一种发展模式。多数学者表示，行政区域间的协同发展实际是各行政区域资源要素彼此流通，打破传统的经济市场壁垒，实现各行政区域公共发展与互利共赢。之所以出现跨行政区域协同发展，主要是因为各行政区域自身的资源禀赋不同，或是行政区域内部不同领域资源禀赋差距较大。跨行政区域协同发展是基于区域整体系统内部，各组成部分划分工作内容、相互协作、共同进步和发展，由此展现出最大的协同效应，从而使行政区域整体系统形成一个动态化均衡的良好状态[①]。本节认为，跨行政区域协同发展实际上是不同行政区域展开的协同发展，具体来说，是指以达到经济社会发展互利共赢为目标，将两个或两个以上的地区资源进行协同合作，助力对方发展目标实现，从而确立的合作共赢、共同进步和发展的新路径。

① 郭爱君，陶银海，毛锦凰.协同发展：我国区域经济发展战略的新趋向——兼论“一带一路”建设与我国区域经济协同发展[J].兰州大学学报（社会科学版），2017，45（04）：11-18.

第二节　我国教育协同发展的主要模式

通过对我国区域教育合作情况进行考察可知，在经济发达、产业集聚的长三角、京津冀其区域教育合作已经初具规模，率先为全国其他区域树立了典范。近年来，粤港澳大湾区的教育协作也有一定的发展。

一、长三角区域教育协同发展

2003 年 8 月，苏浙沪三地在杭州就专业技术职务任职资格互认、异地人才服务、博士后工作站合作、高层次人力智力共享、专业技术人员继续教育资源共享以及公务员互派六个项目合作协议达成一致，并举行了签约仪式。苏浙沪三方教育部门达成了多项合作意向。苏浙沪的教育部门将利用三地高校毕业生资源和产业结构的差异，加强长三角地区高校毕业生就业工作的联系与协作，逐步形成长三角地区高校毕业生就业大市场和就业指导服务体系，促进高校毕业生充分就业，为三省市的经济发展服务。

自 2009 年 3 月长三角教育区域协作机制建立以来，就长三角教育联动的相关事宜先后签署了教育国际交流与合作、设立教育合作研究中心、长三角研究生教育创新计划合作协议、长三角教育现代化评价指标体系研究、高层次应用型人才合作培养和各层次教师培训合作等 34 份项目协议。在这些协议的指导下，浙江省积极推进招生制度改革，实施普通高中课程改革，建立教师专业发展培训制度，开展公办中小学校长和教师交流制度；上海市探索长三角地区社区教育联盟工作卓有成效，通过建立社区教育课程体系，依托高校、行业协会及企业打造社区教育优质课程，建立数字化学习平台等；江苏省扎实推进长三角千校网络结对活动，通过视频、论坛等多种方式，组织四地结对学校开展网络教研、网上听课和学校管理等活动；安徽省根据本地实际，成立“应用型本科高校联盟”。

2014年教育部《关于进一步推进长江三角洲地区教育改革与合作发展的指导意见》提出，开展跨省市联合办学，组织区域内各级各类学校开展结对合作互助，探索职业院校异地办学；研究制定区域内相对统一的学校、教师评价标准和学生综合素质评价办法，完善区域内高校合作育人机制，逐步实现区域内资源共享、教师互聘、课程互选、学分互认；强化区域内高校面向长三角地区考试招生的自主权，扩大区域内普通高中与高校跨省市协作实施创新人才早期培养试点。

二、京津冀教育协同发展

随着京津冀协同发展向纵深推进，一种人口经济密集地区优化开发的新模式、一条内涵集约发展的新路子正在形成，传统区域发展和开放型经济新体制的理论与实践也正在被赋予全新内涵。

数十年来，京津冀三地经济体量差异较大，区域发展格局呈现“两头大、中间小”的“哑铃型”特征，大量生产要素集聚京津，河北经济社会发展处于劣势。为破解上述问题，早在1981年，原国家计委牵头编写制定《京津唐地区国土规划》，成为政府部门研究京津冀一体化的开端；此后的40余年里，京津冀区域发生多次重大战略布局调整。党的十八大以来，以习近平同志为核心的党中央高度重视京津冀区域发展，于2014年2月将京津冀协同发展上升为国家战略，掀开了京津冀三省市发展新的历史篇章。

在京津冀协同发展战略实施过程中，教育协同起着基础性和先导性作用。《京津冀协同发展规划纲要》提出，到2030年京津冀地区实现“公共服务水平趋于均衡”的远期目标，并作出“依托京津教育优势，完善区域教育合作机制，优化教育资源布局，发挥优质教育资源辐射带动作用，帮助河北提高教育水平”的重要战略决策部署。随着京津冀协同发展向深度广度拓展，教育合作成为当前和今后一段时期京津冀协同发展亟待突破的重点领域。

京津冀教育协同发展的最新进展如下：

（1）北京教育资源有序向周边地区疏解。雄安新区是北京“非首都功能疏解集中承载地”和“首都功能拓展区”。目前，北京援建雄安新区的“三校一院”交钥匙项目已经陆续建成并交付使用。首批启动向雄安新区疏解的四所在京高校已确定项目选址，均位于雄安新区起步区第五组团（启动区东北侧）。

（2）京津冀教育协同发展模式逐步彰显。京津冀教育协同发展通过顶层设计与基层探索相结合，逐步积累形成学校联盟、学校协同创新等一系列协同发展的典型模式。在学校联盟建设方面，京津冀三地学校先后成立信用教育联盟等10余个联盟，实现了联盟学校在学科建设、人才培养、科学研究、社会服务、资源共享等方面的资源整合；在学校协同创新方面，京津冀三地学校成立了京津冀协同发展联合创新中心等7个协同创新中心，实现了跨区域跨学校的科研联合攻关。

（3）京津冀教育协同发展机制初步建立。京津冀协同发展上升为国家战略后，党中央、国务院不断优化完善顶层设计，出台了一系列规划文件，为区域教育合作提供了方向指引。京津冀三地政府及教育主管部门在教育合作方面签署一系列教育合作文件，建立了区域教育规划衔接机制、会商交流机制、协同工作机制和对口帮扶机制，为全国其他地区构建教育合作机制提供了经验借鉴和启示。目前，京津冀三地在教育合作领域已经初步建立起目标同向、功能互补的协同发展规划体系，确保区域教育“一张图”规划、“一盘棋”建设和“一体化”发展。

三、粤港澳大湾区教育协同发展

随着建设粤港澳大湾区成为国家的一项重要战略，粤港澳大湾区成为我国新时代构建新发展格局的重要战略支点。粤港澳大湾区教育协同发展中的价值观引导有助于香港和澳门地区的青少年增强民族认同感和凝聚力，为粤港澳大湾区经济建设贡献智慧和力量。

粤港澳大湾区教育协同发展现状如下：

（一）师生培训和人员互访日益频繁

粤港澳大湾区内多所学校开展交流活动，师生培训和人员互访日益频繁。

目前，深圳、广州、东莞等地缔结深港澳、穗港澳、莞港澳姊妹学校，这些学校充分发挥地理优势和文化优势，促进了三地师生的培训和人员交流。姊妹学校之间开展各式各样的交流和拓展活动，如校园参观、座谈交流会、网络课堂、文化体验等，充分促进文化交流。除此之外，粤港澳地区以学术竞赛和冬令营、夏令营的形式开展了许多交流活动，以文化艺术为媒介，拓宽了学生沟通交流的渠道[①]。通过这些文化交流活动，使粤港澳青年们切身体会到大湾区的社会、经济和文化发展成就，同时加深了他们之间的相互了解，提升了认同感。

（二）跨境招生日渐增多

粤港澳大湾区教育协同发展中，跨境招生日益增多。以广州为例，广州市政府积极为港澳青少年提供基础教育公共服务，在多所学校开设港澳子弟班，为港澳学生在穗读书创造条件。目前在广州就读的港澳台中小学生超过了1.8 万人。广州共有 14 所外籍人员子女学校，其中一所为全国首家港澳子弟学校；另外，广州共有 9 所学校开设了 25 个港澳子弟班。

① 陈文理，何玮．粤港澳大湾区教育和人才合作机制研究 [J]. 江汉大学学报（社会科学版），2019，36（6）：30–44，119.

第三节　跨行政区域教育合作的主要启示

实践表明，作为促进教育公平、提高教育质量和水平的有效途径，跨行政区域教育协同发展为区域协同发展提供了高质量发展动力和源源不断的人才资源。跨区域优质教育资源协同共建的重要意义体现在促进教育公平、提高教育质量、推动教育创新和促进经济社会发展等方面。教育机构、学校和政府非教育部门应积极推动和支持跨区域合作共建，通过资源共享、合作交流、教师培训和教育创新等方式，实现优质教育资源的均衡分配和共享，促进教育的全面发展和提升，为学生提供更广阔的发展机会和更优质的教育服务。

一、跨区域优质教育资源协同共建的价值意蕴

（一）促进教育公平

跨区域优质教育资源协同共建可以促进教育的公平。在不同地区，教育资源的分布存在着不均衡的现象。有些地区的教育资源丰富，而另一些地区则较为匮乏。通过合作共建，优质教育资源可以得到共享，使得不同地区的学生都能够获得平等、公平的教育机会。

（二）提高教育质量

跨区域优质教育资源协同共建能够提高教育质量。通过合作共建，区域内可以共同分享和借鉴优质的教学理念、教学方法和教育经验。优质教育资源的交流与共享，可以促进教师的专业发展和能力提升，提高教学质量和水平。同时，共建可以推动教育管理机构和学校的改进和创新，引入先进的教育理念和实践，提升教育服务的质量和效果。

（三）推动教育创新

跨区域优质教育资源协同共建对于推动教育创新具有重要意义。当今社会，不同地区的教育资源分布和质量存在差异，这给教育发展带来了一定的挑

战。而通过跨区域合作共建，可以促进优质教育资源的跨区域调配和共享，进一步提高教育质量和公平性。跨区域合作共建有利于交流与合作。不同地区的教育工作者可以借助合作平台进行经验分享、教学交流和课程资源共享。通过交流与合作，可以拓宽视野、开阔思路，为教育创新提供新的思考和启示。跨区域合作共建有助于整合优质教育资源。不同地区具备不同的教育资源，跨区域合作可以将各个地区的特色资源整合起来，形成更为丰富和多样化的教育资源。比如可以通过共建优质教育平台、共享优秀教师和教育专家等方式，实现优质教育资源的跨区域调配和共享，提高教育资源的利用效率。

二、跨区域优质教育资源协同共建的特点

跨区域优质教育资源协同共建具有一些特点，通过合作共建实现共享教育资源、提升教育服务的质量。

（一）资源共享

跨区域优质教育资源协同共建的特点之一就是资源共享。在不同地区，各方可以共同分享和利用教育资源，包括特色课程、教材、教具、教学方法等。通过共享资源，可以有效解决资源不足的问题，充分利用各方的优势，提供更多元化、丰富和全面的教育服务。资源共享还可以为教师和学生提供更广泛的学习机会，促进教育理念的传递和共同成长。

（二）专业协作

跨区域优质教育资源协同共建注重专业协作。各区域的教育管理机构、学校和教师可以共同参与教学设计、教育研究和教师培训等活动，通过专业协作共同提高教学质量、提升教学效果。专业协作涉及知识共享、经验传承和交流互动，促进教育工作者之间的合作和互助，形成合力，提升整个协同共建的教育服务水平。（赵靖，2020）

（三）多元创新

跨区域优质教育资源协同共建呈现多元创新的格局。各区域有不同的教育背景、文化与传统，呈现多样性和多元化的特点。跨区域教育协同共建会建

立稳定的合作机制和长期的合作伙伴关系，实现跨区域优质教育资源协同共建的可持续；会通过交流与合作丰富教育内容和方式，呈现多元的发展路径；会注重教师培训和能力建设，提升教师的专业素养和创新能力，满足学生多元化的学习需求，共同构建高品质的教育资源体系。

三、关于跨行政区域教育合作的定位

跨行政区域教育协同发展是行政区域内或跨区域的教育合作主体基于自身需求或者社会利益，利用各自的教育资源（包括人力资源、物质资源、信息资源和政策资源等），围绕教育活动开展的一项互利共赢的社会活动。

第一，从合作范围看，跨行政区域教育协同发展包括区域内的合作、区域外的合作以及国家与国家之间的合作，涵盖高等教育、职业教育、中等教育、基础教育和继续教育等各级各类教育。

第二，从合作内容看，跨行政区域教育协同发展包括联合培养人才，共建教育园区、教育公共服务体系、教育资源公共平台及师资互派、干部交流等内容。

第三，从合作主体看，跨行政区域教育协同发展主体包括政府、科研院所、学校、企业和教育中介（学会、专业委员会等）。

第四，从合作形式看，跨行政区域教育协同发展可以分为意向型合作、契约型合作、实体型合作和虚拟合作。

第五，从合作利益关系看，区域教育协同发展可以分为各地方或教育机构之间互利共赢型和对口支援型。

四、关于跨行政区域教育协同发展的模式

跨行政区域教育协同发展属于全新的教育资源分配方式，是对传统行政区域教育发展模式的一种创新。跨行政区域教育协同发展是基于区域或国家利益，行政区域内部各教育主体或是不同行政区域间的教育主体互助互补，合作共赢，以保证行政区域内部资本、知识以及师资等众多资源的有效流通和最佳

分配。跨行政区域教育协同发展一方面是将教育合作主体聚合在一起，另一方面是基于各主体合作后建立一个可以互动关联的跨行政区域教育协同网络。

跨行政区域教育协同发展系统十分复杂，其中蕴含多个参与主体，内部环节众多且相互关联。跨行政区域教育协同发展系统中，政府的任务是进行各主体的科学协调和组织。作为准公共产品之一，教育并不以经济利益为主要目标，因此跨行政区域教育协同过程中，教育合作主体关注的重点不只是纯经济利益（企业在跨行政区域教育合作中看中的是经济利益），更加注重自身价值增值（提升社会贡献度与影响力等）与合作过程中衍生出的社会价值（例如创建教育公共平台、加快科技研发以及优质人才培养等）。由此可以看出，跨行政区域教育合作离不开政府的作用，政府的作用十分关键。

目前，基于我国的区域协同发展的重大战略，政府必须是跨行政区域教育协同发展模式的主导者，这也奠定了跨行政区域教育合作的基本模式框架。因此，政府应发挥自身优势作用，制定合理化的策略进行跨行政区域教育资源调配，合理进行教育机构规划与安排，有序开展跨行政区域教育协同，如此更能够展现出教育公益性特点，凸显政府意志。

跨行政区域教育协同发展，一方面要展现政府主导作用，另一方面应结合现实情况，充分发挥校际间的积极作用，合理引入对口支援机制、学校联盟机制、项目合作机制等，展现合作机制的多元化特点。

五、重视挖掘跨行政区域教育协同发展的动力

跨行政区域教育合作的协同发展：融合供需导向，重视基层首创精神，强调合作个体利益与公共利益兼顾。

教育协同过程中存在的“内生牵引力”是各国跨行政区域教育协同发展开展能够成为一种方向的根本原因。教育协同主体本身的需求是客观且不可忽视的，随着时代快速发展和变化，教育发展成本提升，经济社会越发开放，信息技术日新月异，教育协同主体相互合作基本上已经成为一种趋势，各教育主体迫切希望借助彼此之间合作交流，以信息、资源交换等方式共同进步，实现彼

此的快速发展。内生牵引力是新时代教育发展的一种外在表现。

教育合作过程中除了“内生牵引力”，还有一种“外生推动力”，即来自政府政策及具体的规划与安排等。“外生推动力”具有强制性特点，各教育主体必须遵从国家政策文件要求，以保障国家发展利益不受损。教育协同主体跟随国家政府规划与政策指导，能够得到更加可观的发展利益，尤其是当教育协同主体获得国家政策倾斜与大量的资金支持后，这种发展利益更为显著。基于“外生推动力”的正向影响，教育协同主体参与热情和主动性显著提升，同时其合作的效率和质量提升，能够认真践行国家政策要求和安排。

第三章

集团化办学促进跨行政区域教育协同发展实践

第一节　跨行政区域集团化办学的构建

本节主要对集团化办学的概念进行分析，把握集团化办学的本质。同时，依据集团化办学的理论基础，搭建跨行政区域基础教育集团化办学的重要意义、总体要求、培育模式等重要框架，为下一节跨行政区域集团化办学的实践工作提供理论支撑和方向指引。

一、集团化办学的概念

“集团化办学”和“教育集团”是近些年教育实践活动中新兴的概念。一类观点把集团化办学视作一种学校共同体，颜嫦嫦认为，集团化办学是“由多个有着共同办学理念的学校组成的教育联合体”①。李多慧对上述观点表示认同，她认为“集团化促使办学共同体出现，而这一过程可以通过学校之间的合并、扩充等途径实现”②。在集团化办学的相关政策文件中，上海市也将其解释为“在同一地区或地域形成的学校联合体”。

本书认为，集团化办学的本质是通过多样化的办学手段，把一定行政区域范围内的独立学校聚集成集团学校的动态过程。相较于仅是形式上的学校组合，集团化办学则更加重视构建集团内各学校之间的关系聚合，通过集团内的教师流动、课程配送和文化创新等方式形成向心力。

二、集团化办学的理论基础

（一）教育公平理论

教育公平不是近代产生的新理念，早在两千多年前，孔子就提出“有教无类”的教育主张，虽没有明确提出教育公平的理念，但也体现了古代朴素的

---

① 颜嫦嫦．利益相关者视野下小学教育集团化办学的个案研究 [D]. 浙江师范大学，2017.

② 李多慧．集团化办学促进了师资均衡吗 [D]. 南京师范大学，2018.

教育公平观。自20世纪80年代以来，我国在市场经济快速发展时期造就了一批重点校、示范校。随之而来的借读潮、择校热等教育问题成为人们关注的焦点，并且日益严重地影响着我国教育的公平发展①。因此，对于教育公平的追求，成为我国当前教育制度改革以及教育政策制定的重要目标。

教育公平是一个发展的、不断完善的概念，因此，对于教育公平内涵的理解随着教育发展阶段的变化也有所差异。对于教育公平内涵的理解最突出的问题是将“平等”与“公平”画等号，也就是说，用“教育平等”替代“教育公平”。实际上二者是有区别的，教育平等是“量”的平均，指教育资源无差别分配的结果和状态，但是对于这种分配结果是好是坏不做判断；而教育公平是一种“质”的平均，是一种无偏见的合理差异，也是与正义、公正相联系的价值判断②。随着教育的发展，学界对教育公平的认识更加全面和深刻，教育公平不再是基于一条标准线的绝对公平，而是以承认差异存在为前提的相对公平，使每个人都能受到适当的教育③。也就是说，教育公平不仅涉及教育机会的问题，还涉及教育过程中对个体特点的关注、教育结果对个人前途发展的影响以及对教育对象评价的合理性。因此，教育公平问题涉及教育的起点、过程以及结果的全方位问题。

优质校与薄弱校的两极分化与对立严重制约着行政区域间的教育优质均衡发展，集团化办学作为一种改进薄弱校的办学模式，其核心和目标就是优化教育资源配置，提升教育组织办学效率与质量，继而实现跨行政区域教育优质均衡发展，保障教育的机会、过程以及结果的公平。

（二）学校效能理论

学校效能是目前西方国家普遍运用于学校综合评价与质量监控的理论和方法。1966年美国学者科尔曼（Coleman）及其团队开展的一项有关学生受教育机会平等问题的调查研究，通过测量学生的考试成绩来评价学校对学生发展

① 朱超华．教育公平的本质及其社会价值分析[J]. 中国高教研究，2003（07）：27–29.
② 褚宏启，杨海燕．教育公平的原则及其政策含义[J]. 教育研究，2008（01）：10–16.
③ 施丽红．对教育公平理论和实践的认识[J]. 教育与职业，2007（24）：20–22.

的影响大小，开始了对于学校效能的研究。该报告中关于部分学校教育对学生的学业成绩没有明显影响的结论引起了教育界的重视，学校教育的失败需要重新认识和评价学校教育的效能，由此引发了有关学校教育有效性、教育评价和学校效能等问题的研究①。当前在我国促进教育优质均衡发展的背景下，引入“学校效能”概念，借鉴学校效能理论，作为一种评价学校工作绩效的教育实践探索②。

随着西方有关学校效能研究的不断深入与完善，我国于20世纪90年代开始对学校效能进行研究探索。不同的学者对学校效能的定义和概念也不同。有学者认为，学校的效能，即学校对学生所产生的教学影响的程度。将预测的学生学习成绩与实际成绩进行比较，符合预测趋势的学校就是具有效能的学校。此种认识将学校效能看作对学校水平的宏观评价③。还有学者认为，效能是取得实际效果的能力，即实现目标的能力，而学校效能就是学校不断实现更高水平教学成绩的能力④。通过分析我们可以看出，学校效能就是教育主体达到教育目标，实现教育目的，产生实际教育成果的能力。这种能力可以是学校领导者组织管理能力、教师教育教学能力等，而学生学业成绩只是教育活动的结果。

学校效能的研究与学校改进密不可分。名校集团化办学通过“以强带弱”的办学模式，充分运用名校的优质资源、先进管理经验促进薄弱校的改进和发展。但这种模式并不是单向的资源输出和输入，而是要借助名校的先进理念和经验实现薄弱校的有效发展，提高学校办学能力，使薄弱校成为“有效学校”。

---

① 温恒福 . 学校效能的基本理论问题探究 [J]. 教育研究，2007（02）：56-60.

② 李永生 . 学校效能评价：一种评估中小学工作绩效的工具 [J]. 教育研究，2013，34（07）：105-115.

③ 张煜 . 学校效能评价——一种对学校进行综合评价与质量监控的理论与方法 [J]. 中小学管理，1997（Z1）：62-63.

④ 温恒福 . 学校效能的基本理论问题探究 [J]. 教育研究，2007（02）：56-60.

三、跨行政区域集团化办学的构建

（一）跨行政区域集团化办学的重要意义

集团化办学是教育供给侧结构性改革的重要路径，是促进教育高质量发展的有效举措。实施基础教育集团化办学对于满足人民群众日益增长的高质量教育期盼、跨行政区域间优质教育资源统筹发展与共建共享、全面落实《关于深化教育体制机制改革的意见》精神、促进区域教育高质量发展具有重要意义。

1. 人口发展期待教育资源优化配置

人口规模是配置教育资源的基础条件。随着发达区域高质量集聚辐射发展，高层次人才、异地务工人口及随迁子女将逐年增加，新增学位需求、对优质教育资源的需求也将随之增加，人口发展带来的教育发展不充分、不均衡矛盾更加突出。农业转移人口市民化、异地中考和高考、户籍政策改革、全面二孩三孩等政策不断叠加实施，发达区域全面解决教育公平和实现基本公共教育服务均等化的问题更为突出。通过跨行政区域集团化办学扩大区域间优质办学规模，优化配置发达区域与周边区域的教育资源，提高教育质量势在必行。

2. 区域间发展不平衡要求共享式发展

区域间不均衡是区域基础教育发展的主要问题之一。集团化办学是教育共建共享式发展的有效模式之一，是贯彻教育新发展理念的有效改革举措。集团化办学具有共建共享“教育文化、办学理念、教学设施、名师资源、教研模式”的优势，具有实现优质教育资源共建共享的功能。通过基础教育集团化办学改革，以名校带新校，强校帮弱校，一方面可以提高资金使用效果，实现办学经费成效最大化，为功能区提供更多的学位；另一方面可以促进管理资源、教师资源、教研资源、品牌资源优化整合、优势互补，有效解决功能区教育资源不足、不优、不均衡三大问题。

3. 推进教育供给侧结构性改革需要

《关于深化教育体制机制改革的意见》指出，完善义务教育均衡优质发展的体制机制必须“改进管理模式，试行学区化管理，探索集团化办学，采取委托管理、强校带弱校、学校联盟、九年一贯制等灵活多样的办学形式”。为进一步深化教育供给侧结构性改革，解决中小学、幼儿园学位不足、结构失衡和品牌优质教育资源总量不足、分布不均衡问题，明确了以中小学集团化办学为主攻方向之一的教育供给侧结构性改革路径。

（二）跨行政区域基础教育集团化发展总体要求

1. 指导思想

以习近平新时代中国特色社会主义思想为指导，全面贯彻党的教育方针，着力破解区域间人民群众日益增长的优质教育需求与教育发展不平衡不充分之间的矛盾，坚持“让每一个学生受到最适合的教育”的核心理念，以深化基础教育综合改革为导向，以提升教育公共服务能力为目标，立足功能区统筹联动发展，创新管理机制和办学模式，推进集团化办学，推进校际深度融合发展，扩大优质教育资源供给，优化基础教育资源布局，促进教育优质均衡发展，形成集团化办学引领基础教育质量不断提升的发展格局，不断满足人民群众对优质教育资源的需求，努力让每个孩子都能享有公平而有质量的教育。

2. 基本原则

（1）顶层统筹，区域联动。

加强顶层统筹，建立区域间教育主管领导沟通协调小组，深入推进教育综合改革，做好集团化办学的顶层设计和区域联动布局，区域联动发展与区内联动发展一体化推进，明确发展目标，落实改革举措，推动实践创新。

（2）试点提升，逐步推开。

先行做好已开展集团化办学的试点提升工作，以集团为载体、因校制宜探索和优化不同集团化办学模式，在总结经验的基础上，逐步推广到不同区域间、区域内其他集团学校，不断提高集团化办学实效性。

（3）聚焦内涵，提升质量。

通过先进办学理念辐射、科学管理制度共建、骨干教师柔性流动、教育教学资源共享、特色办学文化生成等策略，加强成员学校内涵建设，提高教育教学教研质量，促进成员学校品质提升。

（4）创新机制，激发活力。

逐步建立功能区统筹体制机制下，与集团化办学相适应的规划统筹、资源共享、人事多元、财政多维、第三方评价的办学机制，建立以共同愿景为核心、以制度体系为框架、以规则程序为纽带的集团运行机制，赋予集团学校更多自主发展权，促进学校能动发展。

（5）资源共享，鼓励特色。

挖掘和整合集团内外教育资源，打通校际资源边界，健全资源共享机制，搭建资源共享平台，促进集团内优质教育资源共享供给，高效配置，集约利用。支持和保障优质品牌学校持续发展，发挥优势、办出特色，尊重各校办学自主权，实现各美其美，美美与共。

（三）跨行政区域基础教育集团化模式培育

基础教育集团化办学模式主要培育紧密型、托管型、联合型、复合型四种模式。

1. 紧密型

由龙头学校牵头，选择若干所学校组建成集团。集团内一个法人主体、一套领导班子。龙头学校和集团成员原有的单位性质和隶属关系不变，管理体制不变，经济独立核算不变，人事关系不变。集团内人、财、物、事由龙头学校统筹调配、统一管理，集团通过管理架构重构、资源重组等实现一体化办学，带动成员学校快速发展。

（1）实行理事会管理体制。

由龙头学校校长担任理事长，独立法人学校的校长担任副理事长，集团内各学校副校长为理事。理事会下设集团秘书处，由龙头学校相关管理人员担任，成员学校设对应的联络人。

（2）发挥龙头学校统筹引领作用。

充分发挥龙头学校的统筹引领作用，输出教育品牌、办学理念、管理方式、干部和优秀教师、校园特色文化等。积极创造条件率先打造品牌学校，发挥示范作用，带动集团内各学校不断进步。

输出教育品牌：规划集团整体的文化品牌，形成独具一格的集团特色，坚持集团发展一盘棋的原则，尊重集团成员原有文化特色，促进集团成员共性与个性共同发展。

树立办学理念：制定集团章程和发展规划，定期组织召开联席会议，协商确定学年重点项目，构建科学合理的集团合作框架。统筹开展各类活动，评估项目实施绩效，推动集团学校间优势互补、互促发展，突出集团整体办学理念。

创新管理方式：优化集团学校课程教学，促进优质课程资源共享。统一集团学校基本教学计划，明确教学质量评价等级，建立集团统一教学评估标准，统一开展教学评估工作，加强集团内部统一管理。

开展特色办学：有序开展学科特色教学活动，协调集团校际课堂内外活动，充分鼓励集团内部成员教学教研互动，打造集团办学品牌特色。

共享骨干资源：建立干部和教师集团内定期交流制度，创新教师交流方式。推动骨干教师柔性流动，大力落实学科教学基地建设，发挥优质教师带头作用，盘活集团内部教师资源，优化集团内部教学资源配置。

（3）成员学校积极贯彻办学要求。

遵守集团章程，执行集团决议；按照集团发展规划的要求，创造性地开展工作，落实集团各项具体工作；接受集团协调与管理，履行集团赋予的其他职责和义务。

2. 托管型

由龙头学校牵头，选择若干所学校组建教育集团。核心学校为集团总校，加入学校为分校。分校保留原校名，增挂集团总校分校校牌。实行优质龙头学校、科研机构、高校直接托管制。实行人、财、物与龙头学校一体化管理。龙头学校的法人代表为总负责人，并派遣骨干教师以及管理人员到分校承担教育教学管理工作，全面负责分校的日常管理工作。以集团内的品牌优势、优质资源带动分校发展，实现分校发展高起点、管理高品位、社会高认可。运营进入稳定阶段，分校纳入相应教育集团，作为分校进行管理。

（1）法人代表统筹全局。

围绕各区域个性化的教育发展战略，组织起草集团章程、发展规划，明确教育集团发展使命与共同愿景。制订集团发展年度计划、主要任务，做到发展规划与年度计划相结合，促进教育集团可持续发展。贯彻执行上级教育行政部门的决定，领导学校各职能部门及常设机构开展工作，维护集团学校的秩序。管理集团学校日常事务，主持校务会议审议重大事项并做出决策，组织协调学校与政府、社区、家庭等方面的关系，为学校创造良好的育人环境。

（2）管理机构分工负责。

起草学校管理制度：以班子成员为主要人员的校务会议机构，定期召开会议，负责审议学校章程、发展规划、规章制度、重大人事与财务事项。

建立重大事项决策制度：学校重大事项由党政主要负责人酝酿提议，在充分调研与征求意见的基础上，由校长召集并主持领导班子会议审议，经集体讨论，由校长做出决定并组织实施。

建立家校联动机制：创立家长学校和三级家长委员会，提供家庭教育培训服务，增进家校沟通，切实保障学生家长了解和参与学校管理、教育教学工作，提高集团章程约束力，提升集团办学的社会影响力。

3. 联合型

联合型教育集团是由集团各成员协议组成的协作组织或联盟，教育集团本身并不具备独立的法人资格。集团对成员学校的资产、管理、办学等方面不行使决策、控制和支配权；成员学校之间通过契约的形式加以规范。

（1）特色资源建立特色联盟。

以书法、艺术、科技、体育等特色鲜明的学校为龙头建立特色联盟，在学校管理、课堂教学、资源共享、教育研究等方面形成合作互动互助的发展团队，探索特色教育教学教研人才培养模式，带动新校、特色校共同发展。

（2）发挥龙头学校示范作用。

龙头学校向成员学校分享成熟的办学理念和管理模式，集团成员学校在认可、学习和吸收龙头学校办学理念和学校管理文化的基础上，结合自身的办学实践进行合理运用。

4. 复合型

根据办学需要，结合学校自身教育资源发展状况，采取灵活的组建形式，教育集团内部同时存在紧密型、托管型或联盟型等多种合作关系。适用于不同办学性质学校间开展合作，实现共同发展。集团内所有成员学校人员身份、隶属关系不变。通过委托办学、购买服务等方式，以输出理念、文化、经验为主，在品牌、管理、师资等方面开展多层次和全方位合作。

（1）委托办学形式。

经上级主管教育行政部门或学校董（理）事会同意，以购买服务的方式，委托龙头学校或专业机构进行办学。旨在激活管理、办学、评价相互分离并彼此联动的机制，扩大受托单位的示范、辐射、引领效应，促进基础教育的优质均衡发展。

直接托管：受托单位直接补充或调整托管学校部分班子成员和相关管理人员，全面负责托管学校的日常管理工作。

委派托管：受托单位派出精干优秀的管理和教师团队，帮助托管学校组建新的领导班子，管理托管学校的日常教育教学工作，带动托管学校一起成长。

（2）委托办学路径。

职责授权：由主管教育行政部门组织托管学校与单位签订委托办学协议书，授权受托单位承担办学主体责任，通过引入先进管理经验和教育理念，实现从“输血”到“造血”的转变，提高托管学校的办学效益和办学水平。

资源统调：受托单位按照两校“一盘棋”的思路，向托管学校派驻管理和教学骨干，担任托管学校的主要领导，负责托管学校的教育教学管理；托管学校的管理人员和教师分批到受托单位跟岗学习。受托单位经上级主管部门同意，根据本单位实际调剂部分图书资料、教学仪器等支援托管学校。

多元扶持：受托单位主动打破校际壁垒，建立学科核心备课小组、实行联动教研、开放课堂教学、联合开展教学比赛、开展校园文化联谊，将先进的教育理念、管理经验和教育教学方法输送给托管学校，重树托管学校教育理念、改革托管学校教学方法、提升托管学校教学效益。

分年评估：功能区、镇教育行政部门全程跟踪委托办学工作，并在委托办学期限内，对照年度工作目标，对托管学校年度办学水平提升情况委托第三方进行评估。

（3）委托办学要求。

落实托管双方名单：各区域教育行政部门根据集团办学意愿、受托单位托管能力，确定受托单位和托管学校。实行“一托一”托管办学原则，集中力量实施委托办学。

加强托管过程监管：各区域教育行政部门制定具体委托办学实施方案，逐年扩大委托办学范围，切实加强委托办学过程管理，做好托管方案的评估认定、托管过程的跟踪指导、托管中期评估、托管学校的年度督导及考核等各项工作。

强化托管绩效评估：委托办学期满后，各区域教育行政部门组织有关专家和委托第三方评价机构，对委托办学进行绩效评估。着力表彰成绩突出的受托单位，中止考评结果不理想的委托项目。

第二节　松山湖功能区
基础教育集团化办学的形成与发展

一、松山湖功能区教育协同发展的基本情况

东莞松山湖高新技术产业开发区（以下简称松山湖园区）作为粤港澳大湾区重要节点城市，地处莞深科技创新走廊中心，承载辐射带动作用以及对接和集聚粤港澳大湾区乃至全球高端创新资源的使命，致力于打造具有国际影响力的自主创新示范区。松山湖园区从建园之初就确立了“科技共山水一色，新城与产业齐飞”的生态发展理念，“以科技和教育为突破口”的发展路径，提出“打造科技教育发展高地”的目标。十多年来，松山湖园区构建了从学前教育到高等教育、从校内教育到校外教育的生态链，打造了“松湖教育”品牌，得到了各界认可。

为提升松山湖园区在东莞市发展中的支撑性、引领性、标杆性作用，自2017年4月以来，相继印发《〈松山湖片区“1+6”统筹联动组团发展工作推进方案〉的通知》（东委办〔2017〕15号）、《松山湖片区六个统筹指导意见的通知》（东府办〔2018〕29号）、《〈松山湖高新区落实市强化功能区统筹优化市直管镇体制改革工作方案〉的通知》（松工委办发〔2019〕4号）等文件，逐步构建松山湖园区与石龙镇、寮步镇、大岭山镇、大朗镇、石排镇、茶山镇、企石镇、东坑镇、横沥镇（以下简称九镇）统筹联动组团发展的新格局，按照“改革创新、先行先试”“统筹联动、协调发展”“统分结合、利益共享”的原则打造松山湖功能区。

为响应市委市政府战略部署，打破松山湖功能区各镇街教育发展各自为政，参差不齐的局面，促进教育均衡发展，松山湖教育部门牵头已进行了6年松山湖功能区教育统筹发展的探索，取得了一定的成效。

二、松山湖功能区跨行政区域集团化办学的现实需求

松山湖园区教育的发展源于最开始市教育局创办的东莞中学松山湖学校，在继承东莞中学“对每一位学生的终身发展负责”办学理念下，不断输出教育资源和品牌。在这种类似“集团化”办学的模式下，相继建成了松山湖中心小学、松山湖实验小学、松山湖实验中学、第一小学、第二小学、北区学校、第三小学。

松山湖功能区各镇街教育发展各有特色，但存在一定的差异，镇街之间、镇街内的学校之间都存在不均衡的现象。一些薄弱镇街和学校对教育的协同发展持积极的态度，急切希望优质教育资源能惠及本镇、本学校，带动教育的发展。一些发展较好的镇街和学校也希望整合资源，有的学校甚至希望直接接受一些名校的集团化管理或全盘托管，进行品牌的输出，创造更大的发展空间，解决学校发展中的诸多问题。

经过调研与分析，松山湖功能区各镇街对教育统筹有共性需求和个性需求，总体上说是希望松山湖牵头进行区域间的教育协同发展。

就个性而言，薄弱地方有较多的教育土地资源，已经建成的学校空间大，教室多，教师队伍“老龄化”现象比较明显，教学理念落后，导致入读学生数量逐年减少。这些区域和学校改革意愿强烈，但内生动能不足，急切需要优质教育资源能惠及他们，带动教育的发展。而教育发达的地方则是土地饱和，可提供学位数少，但是教学质量好，具体体现在办学理念、课程设置、师资力量等方面。

就共性而言，各自都希望教育能够协同发展，做到资源共享，达到教育的均衡，让老百姓的孩子能上家门口的好学校。

在此经验基础上，松山湖园区从2017年开始以提高功能区整体教育教学水平、促进内涵发展为目标，以跨行政区域集团化办学为抓手，探索功能区教育均衡发展的新路径。实施跨行政区域集团化办学对于满足人民群众日益增长的高质量教育期盼、区镇优质教育资源统筹发展与共建共享、全面落实《关于深化教育体制机制改革的意见》精神、促进松山湖功能区教育高质量发展具有重要意义。

三、松山湖功能区跨行政区域集团化办学的发展现状

松山湖功能区跨行政区域教育集团性质以公办、独立法人管理体制为主；治理模式多数实行集团领导下执行校长负责制。自 2017 年 4 月以来，松山湖功能区跨行政区域集团化办学在市委市政府、市教育局的大力支持下，截至 2023 年 12 月已成立 6 个跨行政区域教育集团，涵盖 10 个园区、镇街。松山湖园区通过资源输出与资源输入并行，校内教育集团化与校外教育集团化并行，进一步将优质资源辐射带动九镇，逐步推进功能区教育建设工作，实现教育资源良性互动、共享，从而实现高位均衡，形成“协调、创新、开放”的功能区教育均衡发展新篇章。

表 3–1　2018—2020 年松山湖功能区跨镇教育集团概况

<table>
<tr><th>序号</th><th>集团名称</th><th>成立时间</th><th>龙头学校名称</th><th>加盟学校名称</th><th>办学模式类型</th><th>集团体制性质</th><th>集团治理模式</th></tr>
<tr><td rowspan="2">1</td><td rowspan="2">松山湖中心小学集团</td><td>2018</td><td>松山湖中心小学</td><td>寮步镇西溪小学</td><td>托管型</td><td>公办</td><td>总校负责制</td></tr>
<tr><td>拟建</td><td>松山湖中心小学</td><td>企石镇江南小学</td><td>紧密型</td><td>公办</td><td>总校负责制</td></tr>
<tr><td>2</td><td>东莞市青少年活动中心集团</td><td>2018</td><td>东莞市青少年活动中心</td><td>松山湖青少年活动中心</td><td>托管型</td><td>公办</td><td>总校负责制</td></tr>
<tr><td>3</td><td>东莞中学松山湖学校集团</td><td>2019</td><td>东莞中学松山湖学校</td><td>石排中学</td><td>托管型</td><td>公办</td><td>总校负责制</td></tr>
<tr><td rowspan="5">4</td><td rowspan="5">松山湖未来教育集团</td><td rowspan="5">2019</td><td rowspan="5">松山湖未来学校（市直属）</td><td>松山湖实验小学</td><td>联盟型</td><td>公办</td><td>法人负责制</td></tr>
<tr><td>松山湖实验中学</td><td>联盟型</td><td>公办</td><td>法人负责制</td></tr>
<tr><td>松山湖第一小学</td><td>联盟型</td><td>公办</td><td>法人负责制</td></tr>
<tr><td>松山湖第二小学</td><td>联盟型</td><td>公办</td><td>法人负责制</td></tr>
<tr><td>松山湖北区学校（暂定名）</td><td>联盟型</td><td>公办</td><td>法人负责制</td></tr>
</table>

续表

<table>
<tr><th>序号</th><th>集团名称</th><th>成立时间</th><th>龙头学校名称</th><th>加盟学校名称</th><th>办学模式类型</th><th>集团体制性质</th><th>集团治理模式</th></tr>
<tr><td rowspan="3">5</td><td rowspan="3">松山湖无痕教育集团</td><td rowspan="2">2020</td><td rowspan="3">松山湖北区学校（暂定名）</td><td>松山湖横沥镇实验学校</td><td>托管型</td><td>公办</td><td>总校负责制</td></tr>
<tr><td>松山湖实验小学</td><td>紧密型</td><td>公办</td><td>总校负责制</td></tr>
<tr><td>共建中</td><td>大岭山第三小学</td><td>联盟型</td><td>公办</td><td>法人负责制</td></tr>
<tr><td>6</td><td>松山湖实验中学教育集团</td><td>拟建</td><td>松山湖实验中学</td><td>东坑中学</td><td>托管型（暂定）</td><td>公办</td><td>总校负责制</td></tr>
</table>

四、松山湖功能区跨行政区域集团化办学的体制机制

（一）协调——政策支持促进合作

遵循规律、大胆探索、协同改革、创新模式，教育集团化办学对于促进松山湖功能区教育均衡健康发展具有重要的现实意义。但是，松山湖功能区各镇街行政独立，教育政策各有不同，为破解跨行政区域集团化办学的困境，松山湖教育部门已牵头完成了初步的政策设计。

完成跨行政区域集团化办学调研。2018 年，根据功能区联席会议提出的“教育部门制定形成教育合作共建、联动发展的工作方案”的要求，松山湖教育部门牵头做了跨行政区域集团化办学的调研，内容包括功能区实施跨行政区域集团化办学的必要性和可行性分析、集团化办学工作构想、集团化办学保障三个部分。此调研为功能区教育统筹提出了一个明确的探索方向——开展跨行政区域集团化办学。对此，政府同意松山湖功能区在未来三年推出 4—6 个公办跨行政区域教育集团。

成立功能区协调工作小组。2018 年 4 月，松山湖片区推进园区统筹组团发展第五次联席会议审议了《松山湖片区教育统筹组团发展工作方案》，成立了由园镇相关领导担任正副组长的松山湖片区教育统筹发展协调工作小组，该小组具体负责教育统筹工作部署安排，并接受松山湖片区推进园区统筹组团发

展工作领导小组的领导。功能区各镇街积极参与，共谋教育大计，对跨行政区域集团化办学的思路达成共识。

制定功能区集团化办学发展规划。松山湖教育部门依据《松山湖助力“湾区都市、品质东莞”建设专题调研工作方案》，编制了《松山湖功能区基础教育集团化发展规划（2019—2025）》，规划中明确了功能区集团化办学的基本原则、发展目标、集团类型等，为跨行政区域集团化办学提供了探索方向，也为集团化办学人、财、物需求提供了支持。

规范功能区集团化办学工作流程。松山湖教育部门制定了功能区跨行政区域集团化办学需求工作流程。该流程规定了由镇街向松山湖管委会提交进行集团化办学的意向公函，经松山湖管委会审议通过集团化办学方向后，再由松山湖教育部门与镇街教育部门制定集团化办学方案，龙头学校与成员学校所在镇政府签订集团化办学协议，共同制定具有规范性、指引性的章程，明确办学模式、权责分担、经费人员投入、学位分配等事项，让集团化办学落地时做到有规有矩。

（二）创新——改革创新管理体制

目前，跨行政区域集团化办学在国内尚无相关的参考经验，在功能区教育统筹的政策保障下，松山湖教育部门在跨行政区域街集团化办学的过程中，以改革创新为动力，探索着跨行政区域集团化办学的管理体制。

1. 明确集团管理原则

功能区跨行政区域集团化办学，实施“名校 + 分校”“名校 + 新校”“强校 + 弱校”等办学模式，通过输出品牌、植入管理理念、整合教学资源等，实现优质教育资源共享均衡发展。原则上坚持“四个不变”，即成员学校原有行政隶属关系不变、产权归属不变、投入主体不变、入学招生不变；做到“五个统一”，即教育理念统一、学校管理统一、课程建设统一、教师研训统一、文化建设统一。

2. 理顺人财物管理权限

为了破解跨行政区域集团化办学的管理壁垒，理顺人财物的管理，松山湖园区通过构建科学合理的集团合作框架并与各镇街政府签订管理协议，制定集团章程和发展规划，设立集团化办学专项资金，搭建集团化办学统筹新架构，达成涉及学校发展理念、教育教学、组织架构、人事安排、工资待遇等人财物管理权限统一按照松山湖园区的标准执行的共识。同时，各镇街教育行政管理部门根据管理协议，积极将自己摆在提供服务、出谋划策、解决问题的位置上，授权集团行使成员学校人财物的管理权和办学自主权。

3. 突出管理自主权

松山湖园区学校办得有理想、有活力、有特色与松山湖教育行政管理部门给予学校充分的自主权有着重要的关联。在此实践基础上，功能区跨行政区域集团化办学注重强调自主权。一是突出教育集团的办学自主权。通过设立“管理委员会”或者“理事会”作为集团管理机构，全面协调集团各成员校的日常管理工作。二是突出成员学校的管理自主权。目前跨行政区域集团化办学以紧密型和托管型为主，成员学校一般实行在总校长带领下的执行校长负责制。学科教育研究和师资培训由集团统一管理，集团各成员校人事财务等由独立法人管理受集团监督。通过突出集团内外自主权，有利于形成一个价值融合而又各具特色的理念群，有利于打造各成员校多元共生，协同发展的教育集团。

4. 重构人事管理体系

通过“人才输出”和“人才筛选”完成成员学校的人事更新。龙头学校采取“人才输出”的方式进行优秀师资共享，按人事编制不变的原则选派现有的得力干部到成员学校任命，接管成员学校的事务，根据“精干、高效”的原则，优化成员学校的组织架构；采用“人才筛选”的方式对教师队伍进行重构，成员学校在编在岗的公办教职工和非在编聘任人员，均需经由集团进行统一考核，择优留用。没有通过考核或因重大疾病无法上课或年龄接近退休不能胜任教育教学的教师，由集团确定后报成员学校的行政主管部门进行调整。集团对成员学校现有在校人员调整后，由集团和成员学校主管部门双方根据学校规模再对学校教职工岗位进行核定。今后凡需要新招聘教师和职员，在核定岗位之内的由集团安排自主招聘；因工作需要，需要突破核定人数的由集团提出申请，报成员学校主管部门批准后，再由成员学校实施。同时，集团统筹教师交流与职称晋升、派遣模式、荣誉授予、教师奖励等制度挂钩，从而建立权责统一、运转协调、激励有效的人事管理体系。实施人才特聘制度。由于目前东莞市教育系统编制不足，教师聘用制度只能采用临聘方式，导致出现招师难、人才流失的情况。松山湖园区在东莞市内率先实行特聘教师市场化合同制管理模式，在人才引进方面取得了良好的成效。为此，功能区跨行政区域集团化办学参照《松山湖特聘教师管理制度》，面向全国进行教师公开招聘，引进优秀人才充实教师队伍，从而形成了经验丰富、学科齐全、年龄结构合理的集团教师队伍。

5. 推行多元评价考核

以《东莞市中小学校集团化办学年度评估方案》为指导，开展集团化办学自评和他评工作。借助东莞市教育局研评中心的专业力量或引入具有专业资质的第三方评估机构，建立集团教学质量多元考核评价机制，成立专项绩效考核评估小组，强化对集团运营管理的监管考核力度，从而构建政府宏观管理、集团自主办学和社会参与评估监督的管理体制。

（三）开放——共享共生运行机制

松山湖功能区跨行政区域集团化办学进行了多样化的实践探索，龙头学校根据成员学校的办学环境和办学需求，以及区域教育资源现状等来探索灵活多样的办学形式和均衡发展的运行机制，在集团化办学过程中逐步形成了各具特色的集团模式和学校品牌，实现跨行政区域的优质学位、优秀师资和优质课程的共享共生，实现真正意义上的共赢，形成可持续的区域教育均衡发展道路。

1. 从共建到集团化办学

2017 年，松山湖中心小学率先与寮步镇西溪小学进行教育共建，取得了一定成效。2018 年 3 月，西溪小学正式加入松山湖中心小学教育集团，植入龙头学校“全人课程”，由集团派出副理事长担任西溪小学执行校长，行政架构由两所学校分别派出的核心成员组成，担任不同的岗位职务。之后，相继有莞中松山湖学校集团与石排中学、松山湖无痕教育集团与横沥实验学校、大岭山第三小学开展集团化办学。各个集团均成立了集团化办学工作领导小组、导师团，建立起双方对口扶教合作关系。

2. 从校内教育到校外教育

2018 年 2 月，市青少年活动中心全面接管松山湖青少年活动中心，依据松山湖发展定位，重点打造科技特色与艺术特色，带动和统筹功能区青少年活动中心共同发展。近两年时间，活动中心对内从岗位设置、人员配备、建章立制等方面进行了改革，凸显了科技与艺术特色；对外以活动为主，与功能区各青少年活动中心共建共赢，凸显了功能区校外教育的资源共享需求。

3. 师资输入输出促提升

以教育集团为主体，各校按需设岗，由集团统一招聘和培训教师，提升师资品质。各教育集团都积极推动集团内教师的交流合作，促进教育教学经验和优质课程的互享，既有输出，也有输入。这种教师资源的共享共生，在催生成员校教师队伍的内生力量的同时，更“反哺”于教育集团的教育教学特色发展，实现了教育资源良性互动、共享，从而实现高位均衡。

4. 优质课程的共享共生

集团通过课程顶层设计，构建以国家基础课程为主体、特色课程为辅的品牌课程体系，提供资源共享平台，共享优质课程资源和教学资源，促进集团内各校深度融合，从而深化成员校课程教学改革，充分结合成员校镇域文化、学校特色、科学拓展、办学取向等因素，丰富课程资源的共生，真正做到“授之以渔”。

5. 托管型、紧密型、复合型，各具特色

东莞松山湖中心小学集团西溪学校、东莞市青少年活动中心集团松山湖青少年活动中心为托管型。松山湖中心小学集团从“道术合一”的哲学角度创造性提出以“全人课程”植入为抓手、以“溪月松风”文化为定位的“植入、整合、新生”三部曲构想，形成“松溪样本”，既坚持集团发展一盘棋的原则，又尊重集团成员原有文化特色，促进集团成员共性与个性共同发展。市活动中心集团以科技特色与艺术特色为重点，建立统一的教学计划、教学评估标准，共享骨干资源，打造功能区校外教育资源统筹的示范点。松山湖无痕教育集团为复合型，依托集团的品牌特色，一是以实验班的形式践行“无痕课程”，以创客、足球项目打造学校品牌；二是以托管办学形式，在教育理念、课程建设、教师发展、学生培养、特色创建等方面实现共建、共进、共享、共荣。

五、松山湖功能区跨行政区域集团化办学的重点任务和工程

（一）实施育人能力提升工程

1. 树立正确的教师育人观，塑造教师园丁形象

践行社会主义核心价值观，履行教师职业道德规范，积极塑造教师园丁形象。培养年轻教师的职业理想，培养教师教书育人实践能力、反思能力、教育研究能力，将学科知识、教育理论与教育实践有机结合，积极建立终身学习与可持续发展观念。秉承“一丝不苟的敬业精神，不计得失的奉献精神，爱生如子的园丁精神，勇于探索的创新精神，不甘落后的拼搏精神，团结乐群的协作精神以及艰苦奋斗的创业精神”，造就一支能够适应集团化教育事业发展要求的师德高尚、业务精湛、结构合理、乐于奉献、开拓创新、充满活力的高素质专业化教师队伍，促使教育事业健康和谐持续发展。

2. 搭建教师成长交流平台，提高教师专业素养

兼顾教师专业能力、专业精神、专业研究和特色发展需求，搭建区镇教师成长交流平台，对教师进行系统培训。关注教师队伍涵养建设和职业精神培养，促进教师个体专业发展，促进师资队伍专业素养提升，促进集团内各学校教师队伍建设与学校发展目标同步实现。

案例分享一：

松山湖中心小学集团师资培养模式

（一）基础课程教师技能“全面化升级”

利用假期时间，以“站稳讲台”为目标，以做好开学第一课、第一单元、

第一周工作为思路，组织全校教师开展集团化办学岗前全员培训，统一教师队伍与集团化办学项目在办学思想、教学理念、教程意识、班级管理与教学技能等层面的步伐。

（二）集团课程“植入性”成长模式

龙头学校选派骨干教师作为“种子选手”到成员学校担任学校行政和课程组长，直接领导、参与全人课程的植入与整合工作，传播、贯彻全人课程理念和模式操作，引领教师团队快速成长；成员学校选派种子教师到龙头学校开展为期一年的到岗交流培训，促进成员学校本土优秀教师队伍建设。

（三）特色课程师资培养

一是“走进来”。请龙头学校导师来校任导师，对教师任教社团所需专业技能进行培训。二是“走出去”。到龙头学校或其他对应项目开展情况较好学校展开学习培训。三是开展“技能研修俱乐部”。以种子教师为核心组建项目组，提升技能。四是“联动教研”。结合音体美科学等课堂教学组建联动教学机制，培养教师在社团项目技能上的专业素养。

创建功能区师资培训基地，鼓励教师积极参加功能区教学教研技能提升培训活动。定期选派集团骨干教师和优秀教师参加集团外各层次学习、培训和交流活动，拓展教学教研视野。坚持走出去、请进来，邀请高校专家学者、名校骨干教师到集团内部进行交流讲学。

（二）实施教学质量提升工程

1. 大力提升基础课程质量，探索集团特色教学

落实立德树人根本任务，依托教育集团资源共享平台，丰富课程资源供给，共享优质课程资源、课堂教学资源，提供更为丰富且高价值的学习内容。深化课程教学改革，促进集团内各校深度融合，整体提升集团化办学质量。

案例分享二：

松山湖中心小学集团课程整合模式

一是整合课程内容。对所选专项内容进行梳理和统整，按照项目难易梯度、技能培养的层次等进行重新编制，放置到各年级的学习计划中，替换和优化现

有教材中不适合学生学习的部分，通过不间断的连续性学习，使学生达到掌握并能运用该项目技能的目的。二是整合教学课型。在大量课例研究基础上，梳理出集中教学和融合教学两种课型，有效提升专项技能的学习和掌握。三是转变教学范式。针对音体美课程重建“1+X”教学范式，开展由传统知识授受型教学范式向追求创造与个性的现代教学范式转变研究，推动课程深度改革。

充分考虑镇域文化、学校特色、学科拓展、办学取向等因素，统筹规划集团整体文化品牌，鼓励形成特色办学理念和校园文化。坚持集团发展一盘棋的原则，着力维护集团各校的文化特色，发扬自身个性化办学特点，促进各成员校的个性发展与同步发展。

案例分享三：

大朗镇中心小学教育集团课程整合模式

全面推行“1+5+X”课程。“1”是国家基础课程，以课题为统领，重组单元教学内容，充分挖掘学科的育人功能和价值，实现学科协同育人。“5”是学生核心素养的五大教育主题：感恩教育、三生教育、经典国学、亲近自然、探究科学。以“班会与影视、主题表达、和美秀场、主题教育、个性化教育”五类实践性主题教育活动课程形式满足学生成长期所需。“X”是由1+5所创生的儿童课程，涵盖常识教育、社团、学段等课程，与“1+5”构成一个有机整体，最终巩固和完善学生对基础课程的吸收和掌握。

2. 建立教育信息共享平台，推动优质数字办学

运用现代化的信息手段实现资源统一规范管理、分类查询统计、高效分级发布、应用评估。

建立统一的教育信息化应用平台，实现标准化、规范化的统一数据管理，促进功能区数据管理和统计分析一体化。

推进“互联网 +”教育发展，促进集团内师生共同在线上课、教研交流，有针对性地指导学生学习，改进教育教学管理。

围绕标准化、多样化、多元化、开放化要求，加强教育信息资源建设，实现功能区内教育资源高效率的资源共享、数据流通、管理服务、应用交流。

（三）实施教研水平提升工程

1. 强化教研规范管理，提升统筹教研水平

建立以问题为导向的教学研讨机制，充分发挥教学研讨在教学改革中的基础性、先导性作用，增强教学研讨的科学性、前瞻性、实效性。建立科学统一的校际教学研讨制度，统筹协调“人事管理、经费管理、教学管理、资源配置、考核奖罚”等教研管理。

制定鼓励联动教研、培育教育教学科研能手的倾斜政策，指导集团做好教学研讨人员聘任及交流工作，按岗位要求配齐各层次教学研讨人员，统筹教学研讨人事管理。加大教学研讨经费投入，完善教学科研奖励激励机制，保证集团化办学进程稳步推进。统筹集团内部教学研讨工作一体化管理制度建设，协调“研究计划制定、研究过程部署、研究质量评判、研究设备供给、研究成果应用”等环节，促进最新教研成果加快转化。推进规划课题、精品课题、名师工作室课题等微型课题有序分层研究。完善集团教育教学研讨区镇校三级管理部门联动机制和工作网络，积极探索建立科研基地和联动平台。建立集团教育研讨考核奖惩管理体制，统筹教学研讨考核目标和评价指标设置，加强集团科研绩效考核。

2. 注重发展科研特色，强化科研基地建设

充分考虑集团各校的科研资源、教研特色，建立分校子教研平台，开发各成员学校领衔学科，努力做到各个学校都有“领衔学科”和“教研基地”。深入研究学校科研传统、科研状况、科研需求，发展集团科研特色、促进特色研究成果转化。围绕课堂提问、课堂导入、作业设计等，定期举办集体教研活动，形成良性循环的教育教学科研氛围，不断提高集团内部教学研讨资源利用效率。

案例分享四：

大朗镇中心小学教育集团的“教学钻研”

深入贯彻“一课三备、一课三磨、一书三读、一题三讲、一文三改”教师专业成长模式。例如，“一课三备”代表课前备讲重复三次（裸备—研究解读备课—课前及时调整备课），充分做好课前准备；“一课三磨”代表围绕一个

专题进行三次集体研课实践（重新解读问题，精简教学目标—重新设计教学方式，融入创意教学元素—磨炼教师临场教学应对，更合理有效控制课堂教学），提高教学的合理性及趣味性，深化教师对教学过程的理解和掌握。

（四）实施办学品牌打造工程

明确集团化办学定位，提炼办学目标理念，推进教育集团文化融合，在办学理念、培养目标、发展愿景、办学举措等方面打造集团文化品牌。准确把握新时代教育教学教研实际需求，形成办学特色，树立集团自身品牌。

案例分享五：

松山湖中心小学集团文化品牌建设工程

（一）塑造文化认同

一是植入集团办学思想，从地域层面移植集团办学思想，引起集团师生的关注；二是建设校训主题文化，重新整合集团办学主题，结合课程改革统筹校园文化建设进程；三是成立集团办学研究中心，加强文化内涵解读与宣传，制作办学文化手册，设立集团刊物，定期跟踪集团化办学成果，逐步加深教师、家长、学生对集团化文化的认同感以及信赖感。

（二）引导文化转型

一是营造读书文化，将书籍及刊物分散摆放在校园各处，提高学生阅读的便利性，培养学生随时随地阅读的习惯；二是塑造“实用性”教研范式，落实“课前三件事”候课制度等“实用型”教研范式的植入推广，建立“自己研究问题，研究自己的问题”的教学责任制；三是实施寒暑假作业形式创新举措，以“任务式、项目式、问题式、清单式”设计作业样式，推动学生作业文化转型。

（三）培养文化自觉

坚持“全人课程”“扁平化管理模式”的植入，倡导教师积极参与学校的建设与管理。将校园文化融入班级文化建设中，创造集团文化的内生力量。

（五）实施设施设备达标工程

1. 统筹设施规划管理，促进集团设施资源共享

全面贯彻《关于通过强化功能区统筹优化市直管镇体制改革的总体方案

（试行）》（东委发〔2019〕4号）、《关于功能区统筹事权划分的实施方案（试行）》（〔2019〕34号）文件精神，统筹规划教学基础设施。坚持把办学条件区镇均衡发展作为推进集团化办学的基本任务，实施中小学校舍安全、义务教育学校标准化建设和教育信息化“三大工程”，建立集团办学资源统一配置、统筹使用制度。集团成员学校统一申报基建和设备采购，统筹分配校舍、操场、设施设备、图书资料、校外活动基地等设施资料，促进资源最优配置。

2. 搭建信息技术平台，深化多维教学体系建设

充分利用“三通两台”平台，实现教育行政部门和集团学校互联互通，依托教育e工程，构建“互联网+教育”的智慧教育支撑环境。整合优化集团教育管理应用系统，推动教学研讨、管理服务和文化建设数字化、网络化、智能化。

大力开发运用云计算、移动教学、大数据分析等互联网交互平台，加强“互联网+”教学管理方式的改革创新，实现信息技术与教育教学的深度融合。

大力推进集团“慕课工程”，广泛开发在线课程资源，统筹互联网层面的教学开发和共享。积极引进第三方专家和校外资源，提供多元化多层次的校外教学资源，丰富学生的课外生活。通过统建信息技术开发平台，打破学科教育校际壁垒，不断降低集团内部的交流成本，提高教学资源的利用效率。

3. 探索校舍用地模式，优化学校资源空间布局

积极探索“学校申请出租土地—新建校舍—政府收购—教学用地转化”教育用地供给新模式。不断完善新建改建居住区配套教育设施规划建设管理暂行办法，实现新建改建居住区配套中小学同步规划、同步建设、同步交付使用，完善义务教育阶段学校配套布局。

案例分享六：

松山湖中心小学集团场地资源整合

重新对功能场地教室进行规划调整，以“一室多用”为规划原则，以“专业场地教室开展专业课程”为调整目标，将不常用的功能室进行取缔、改造或重新定位。将多余的课室、闲置阅览室、不常用的阶梯教室等改造为音乐、美术以及语言类社团活动场地；从集团内部其他学校借调钢琴、投影仪等部分设

备，改善社团活动条件。

（六）实施管理机制优化工程

1. 优化现行人事管理制度，实现师资动态均衡

创新人事管理方法，建立集团教师交流制度。创新教师聘用新机制，统筹教师交流与职称晋升、派遣模式、荣誉授予、教师奖励等制度，建立权责统一、运转协调、激励有效的人事管理体系。

（1）“紧密型”教育集团。

创新机构编制管理，建立动态调整机制，统一划转人事编制到龙头学校管理。制定教师集团内流动管理办法，变“学校人”为“集团人”，提倡教师“走教”。

（2）其他类型教育集团。

适当增加龙头学校公办教师编制，实行特聘教师市场化合同制管理模式，保证龙头学校管理人员和骨干教师有序流动。实行梯级合同签约制度，由龙头学校统一招聘，确定交流周期，鼓励年轻教师积极流动任教。

实施选派管理人员和骨干教师倾斜政策，合理提升选派人员薪酬福利，鼓励集团龙头学校优秀管理人员和骨干教师自愿将人事和工资关系转到成员学校。

2. 完善教育督导机制，筑牢教育质量监控平台

增强教育督导与教育决策、教育执行之间的统筹协调，坚持督政与督学并重、监测与指导并举，建立督政、督学、评估检测三位一体的集团化办学督导体系。强化集团内部标准化办学基准，推进办学评估，提升整体办学水平。加强督导队伍能力建设，引进专家学者兼职督学，优化督学队伍结构，推动督学专业化发展。探索多元化参与的监督管理评价机制，建立集团督导年度公示制度，健全与监管评价结果相结合的奖励和问责制度，提高教育督导的权威性和实效性。

案例分享七：

松山湖无痕教育集团组织框架构建

集团成立理事会，龙头学校校长担任理事长，独立法人学校校长担任副

理事长，集团内各所学校副校长为理事。聘请专家担任顾问，邀请社区代表、家长代表及社会知名人士参与。理事会下设集团秘书处，由龙头学校相关管理人员担任秘书长，成员学校设对应的联络人。

集团实行理事会负责制，由理事会承担集团的领导工作，遵照集团章程，对重大事项作出决策，协调和规范集团的办学行为。

六、松山湖功能区跨行政区域集团化办学的实施保障

（一）加强法人治理能力建设

组建集团化办学议事、协商沟通、研究机构，成立统筹功能区教育集团化发展的集团理事会，统筹管理功能区教育集团化发展事项。鼓励镇域集团建立办学理事机构，履行镇内集团化办学的议事、协调、交流、研究职能。

加强对集团法人以及相关管理者的管理能力培养，进一步提高集团运转效率和运营能力。推进“校长职级制”“学校领导竞聘制”等人事制度改革，探索领导骨干培养模式，将龙头学校打造成教育集团内部校级领导和中层干部的孵化基地和名师培养基地。

探索制定集团领导定员、定岗、定编办法，完善领导队伍成长管理制度。探索制定集团化办学校长考核标准，健全职级序列、职级晋升、职级薪酬、校长培训、校长交流、考核评价等关键性制度，构建科学的校长成长管理体系，促进集团校长专业化发展。

启动“校长轮岗”工程，扩大区域内校级领导交流的规模和范围。通过创新交流和协作方式，切实加大教育管理人才的培养帮带力度，不断提高学校管理水平和教育教学质量。

（二）建立多维办学经费支持机制

以《关于通过强化功能区统筹优化市直管镇体制改革的总体方案（试行）》（东委发〔2019〕4号）文件精神为指导，探索建立多维办学财政支持体系。充分发挥政府的主导作用，设立集团化办学专项资金。建立区镇教育部门联动机制，统筹设立松山湖功能区集团化办学专项基金。以统筹土地的面积、净收

益、税收贡献等比例为标准，探索支持集团化办学的土地换财政模式；以九镇为松山湖高新区提供的学位数量生均比例为标准，探索支持集团化办学的学位换财政的模式；实行区镇两级财政支持体制，增加功能区层级集团化办学专项经费；大力引导民间资本投资、港澳优质基础教育资源合作办学，探索混合所有制办学模式。

（三）建立多轨制师资引培支持体系

参照松山湖功能区新建学校标准，统筹集团成员的教师编制、招聘、考核、薪酬待遇、人事调动等方面管理办法，探索“1+N”集团化办学结构下的人事人才政策。编制功能区多轨制人事人才管理办法，出台功能区集团化办学特色人才特殊办法和政策。

探索教育集团间定期教师双向交流制度。集团互派管理人员或骨干教师参与交流学习，促进区镇间、镇际学校互动联动。深化莞港澳台教育合作，创新交流机制，建立稳定的办学交流合作机制，进一步推进莞港澳台在师资培养培训交流等方面的合作。

（四）推行第三方绩效考核模式

以《东莞市中小学校集团化办学年度评估方案》为指导，开展集团化办学自评和他评工作，检测集团化办学年度目标达成度，提高集团化办学目标明确性，全面落实集团化办学考核指标，提升集团化办学效果。建立集团教学质量第三方考核评价机制，建立专项绩效考核评估小组，强化对集团运营管理的监管考核力度。

构建政府宏观管理、集团自主办学和社会参与评估监督的管理体制。结合集团年度发展目标制定科学合理的集团化办学评估指标体系、考核方式、评价方法，引入具有专业资质的第三方评估机构，推行第三方集团化办学绩效评估。加强第三方评价能力建设，逐步建立学科命题、考试模式、考核标准、评价方式、绩效运用一体化的第三方评价体系。严格按照“科学测评、数据分析、反馈公示、决策改进”的质量评价程序开展评价，定期向社会发布集团化办学报告，接受公众的监督，将评价结果作为教育诊断和教育决策的重要依据。

七、松山湖功能区跨行政区域集团化办学的成效

（一）探索体制机制建设，为跨行政区域集团化办学提供样板

松山湖园区统筹规划跨行政区域集团化办学，通过政策设计、改革创新管理体制，探索了跨行政区域集团化办学制度体系，打通了镇街各自管理的壁垒，理顺了镇街人财物的管理，促进了镇街的教育投入，使跨行政区域集团化办学在良好的基础下快速萌芽和成长。在课程植入、文化生成和教师发展三个办学要素体系上完成了跨行政区域集团化办学路径和策略的研究突破，初步达成集团成员校学生综合素养快速提升、“内生型”教师队伍快速成长、学校特色品牌快速成型的办学格局，打造了老百姓“家门口的好学校”，为其他区域跨行政单位的集团化办学提供了样板。

如松山湖中心小学集团是东莞市首个教育集团，该集团在跨行政区域集团化办学制度体系保障下，以“全人课程”植入为抓手、以“溪月松风”文化为定位的“植入、整合、新生”三部曲实施。从“术、道、人”三个方面探索集团化办学品牌学校建设路径，即从整体入手，打通集团化办学的技术、文化、教师发展三个层面的互通关系，构建课程、文化和教师发展的“铁三角”，实现快速提质和可持续发展的集团化办学品牌学校建设目标。2019 年获得市集团化办学评估优秀等次。

（二）唤醒功能区镇街教育思想，缓解优质学位需求

通过成立跨行政区域教育集团，让龙头学校的“办学理念、管理制度、优质课程、校园文化”植入成员学校，让各教育集团统一成员校校名为“松山湖 ××（集团）×× 学校”，实现学校“品位提升”。品牌的建立唤醒了大家的教育思想，改变了陈旧观念，自然提升了学校的品质，得到了家长的认可。同时，通过成员校优质学位的共享，合理分流生源，缓解了龙头学校以及镇区学位紧张的现状，促进区域教育资源配置，从而形成了双向互利的循环。如松山湖横沥实验学校依托集团办学初见成效。通过“传承理念创特色、课程构建多元化、依托集团强师资、专业培训促成长”一系列的集团化办学举措，该校的办学质量在社会上反响良好。从学校近期开展的教育教学满意度线

上调查结果显示：家长对该校整体工作的非常满意程度高达 80%；对教师师德与教学能力的非常满意程度高达 86.79%，对学校课程设置、品德教育、文明礼仪教育、习惯养成教育等方面达到非常满意程度的在 80% 以上。目前，该校在属地镇街获得了学区范围内的众多家长青睐，也得到了学区范围外的家长关注。

（三）探索校外教育集团化，打造校外教育资源统筹示范点

2018 年 2 月，东莞市青少年活动中心全面托管松山湖青少年活动中心，以科技特色与艺术特色为重点打造片区校外教育资源统筹的示范点。教育集团以先进理念为引领，培训修炼内功，实践磨合团队，提升综合效能。如松山湖分中心 2019 年增加了 2570 个学位。培训量达 13937 人次，比 2018 年新增 2570 人次，增长 22.6%。三期共开设 41 个培训项目，学生出勤率、老生回读率等关键指标不断提升，家长满意度大大提高。

（四）探索师资培养模式，促进教师队伍快速成长

教育集团基于课程建设探索教师队伍快速发展模式。一是组织集团教师开展集团化办学岗前全员培训，统一教师队伍与集团化办学项目在办学思想、教学理念、教程意识、班级管理与教学技能等层面的步伐；二是选派骨干作为“种子选手”到成员学校担任学校行政和课程组长，直接领导、参与课程的植入与整合工作，传播、贯彻课程理念和模式操作，引领教师团队快速成长；三是成员学校选派种子教师到龙头学校开展为期一年的培训，大力催生成员学校本土的优秀教师队伍。形成了种子教师、交流教师、集团教研、复合型和内生型教师发展模式。

（五）集团品牌再造战略，提升集团办学竞争力

坚持办学文化培育与引进并举原则，充分发挥教育集团的品牌影响力和文化融合力，以先进的办学理念引领成员学校发展。从办学理念、校园文化、课程改革等方面形成“一集团一品牌”格局。尊重集团内部成员的办学实际和文化传统，凝聚发展共识，凝练核心价值，共谋发展。丰富集团文化内涵，培育特色集团文化，促进成员学校内涵发展。不断打造集团办学品牌，形成集团的办学竞争力。

如松山湖无痕集团多元化品牌建设。集团办学遵循“大教无痕，对每个孩子的终身发展负责”的宗旨，致力于面向未来培养 21 世纪人才。确立了集团“无痕 +”的核心文化后，在对每一所成员校进行 SWOT 分析的基础上，设计了各个学校的新表达：松山湖北区学校——无痕 · 未来，作为核心校必须立意高远，面向未来，通过学校的优势品牌和项目的推进，引领并带动整个集团的发展；松山湖实验小学——无痕 · 智慧，以信息技术和课堂融合的智慧课堂为核心的智慧校园特色，在无痕教育理念下的智慧教育深度研究和实践，必将为集团发展注入新能源和新动力；松山湖横沥实验学校——无痕 · 有为，学校结合“小城大爱”的区域善行文化特色，践行“善为教育”，通过“大教无痕，大爱无声”追求立德树人的最高境界；大岭山镇第三小学——无痕 · 本色，传承以东纵纪念馆为代表的红色文化，发挥本色基因与发扬革命传统。

第三节　松山湖功能区
基础教育集团化办学的主要启示

本节主要对上一节松山湖功能区跨行政区域集团化办学的形成与发展进行归纳和提炼，总结出东莞松山湖功能区集团化办学的主要经验与主要问题，从而为跨行政区域集团化办学提供启示和实践路径。

一、成效经验

2018 年，东莞全面开启集团化办学的实践探索，采取“名校 +”的形式组建教育集团，充分发挥名校的辐射带动作用，带动薄弱学校和新建学校的办学质量提升。截至 2023 年 12 月已经实现集团化办学的学段全覆盖，参与集团化办学的园区、镇街全覆盖，还辐射到韶关、揭阳，开启跨市集团化办学的新模式。跨市、跨镇街集团化办学的创新举措为进一步实现教育资源共建共享，促进教育均衡，推动教育公平提供了有力保障。目前已组建的五个跨镇教育集团由松山湖园区牵头或参与，资源输出与资源输入并行，校内教育集团化与校外教育集团化并行，取得了较为理想的办学效果。

（一）办学成效

在政府政策与资金引导下，通过两轮集团化办学的探索发展，东莞松山湖功能区集团化办学取得了明显成效，初步实现了集团化办学的理想目标。基于上一节的案例，可将办学成效总体概括为：各集团成员校能够依靠自身带动，助推集团品牌塑造；在资源投入方面，依靠名称、标识、设备、师资、课程、组织机构等资源共享，促进教育均衡发展；在地方合作方面，将市属优质中学校出“市”入“镇”，促进市镇互动，形成多方联动，构建跨行政区域、跨学段集团办学新模式。

1. 探索出独特的跨镇街集团化办学模式

2018 年，根据功能区联席会议提出的“教育部门制定形成教育合作共建、联动发展的工作方案”的要求，松山湖教育部门牵头制定了跨行政区域集团化办学的合作流程。由成员学校所在镇街教育部门提出合作意向，经松山湖管委会审议通过集团化办学方向后，再由松山湖教育部门与镇街教育部门制定集团化办学方案，龙头学校与成员学校所在镇政府签订集团化办学协议，共同制定具有规范行政区域教育协同发展的实践研究性、指引性的章程，明确办学模式、权责分担、经费人员投入、学位分配等事项，由此探索出了属于东莞市独特的跨行政区域街集团化办学模式。

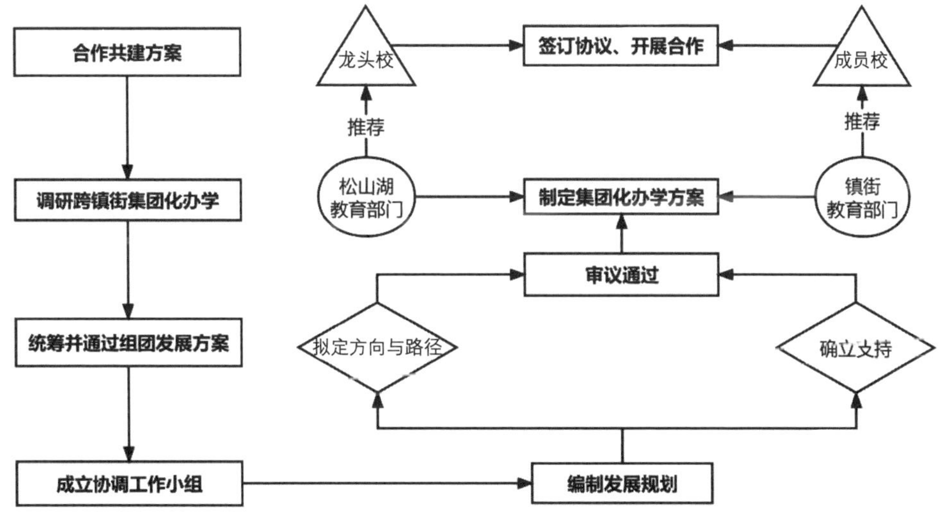

图 3–1　松山湖“跨镇街集团化办学模式”路径图

2. 凝练出以多方互动为特质的集团化办学机制

东莞市松山湖集团化办学探索实践采用市级统筹、片区联动、试点先行、分步实施的方式，推动学校深度合作。随着集团化办学实践的持续推进，松山湖功能区以共建共享为引领，探索集团化办学的新型合作方式，建成具有特色的跨镇街、跨学段集团化办学模式，将市属优质中学校出“市”入“镇”，实现优质资源精准推送，市镇互动、异地共享、扩面提质，打通了优质资源共享共建的政策通道。到 2020 年底，松山湖功能区中跨园镇教育集团占整个园区的50%，回应了广大民众对优质教育迫切需求，进一步盘活了松山湖功能区的校际资源，扩大了功能区优质教育资源供给。在推进资源共享、多方联动的同时，坚持“四个不变”的办学原则，即原有行政隶属、产权归属、投入政策与入学招生不变，一定程度上为成员校的个性化发展留足空间。

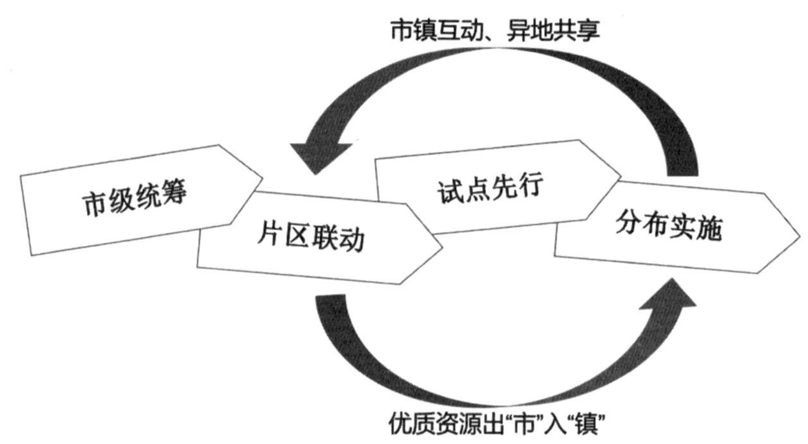

图 3-2　松山湖多方互动式集团化办学机制

3. 离析出以资源共享为属性的教育均衡策略

在基础教育阶段，区域之间、城乡之间、校际之间、群体之间的教育发展不平衡，其中一个重要因素就是教育资源的配置问题。从组织角度出发，学校是一个多组织的系统，其变革由表及里包括技术层面、制度层面、战略层面、文化层面。学校各组织跨越组织界限，通过相互合作，共享资源和知识成为教育领域的趋势。在实践中，基础教育集团化中存在三种模式——补差模式、嫁接模式和共生模式，三种模式相互交织，在一定程度上又依次递进。在东莞松山湖探索集团化办学初期，由政府部门助力，采取“名校 + 新校”“名校 + 弱校”的形式“补短板”，缩小优势资源校和优势资源区与弱势资源校和弱势资源区之间的资源差距，扫清学校发展的外部障碍，保证弱势资源校、弱势资源区在“形”的外显层面一体化。随着龙头校与成员校的联系逐渐加深，慢慢嫁接龙头校的名称、标识、设备、师资、课程等资源，通过资源嫁接，实现规模经济效益，增强集团内部成员的竞争优势，提高教育管理的标准化和专业化程度，缓解资源供求关系紧张的情况。

4. 沉淀出以名校带动为核心的教育集团品牌

东莞松山湖功能区集团化办学主要采取“名校 + 新校”“名校 + 薄弱学校”“名校 + 分校”的形式，发挥“传统”强校资源，龙头学校向各成员校输出“名校”办学理念、教育教学办法和教育管理方式，迅速带动弱校、新校发展，助推集团品牌塑造，建立共同愿景，促进整个教育集团的成功运行。同时，各集团校注重引导成员学校发掘自身教育优势，关注整个集团内部风格的统一与特色问题，为成员校打造个性化发展方案，确立各学校核心的办学理念。各成员校在龙头学校的帮扶下，移植嫁接龙头学校的教育理念、学校管理模式、教育科研、课程建设，在秉承原有的品牌基础上，探究自身特色，发展实力。各集团成员校在原有集团中成长为新的名校，又独立出来领衔新的教育集团，进一步扩大各个教育集团的品牌辐射范围，全面提升学校办学条件。如松山湖中心小学教育集团下辖学校西溪小学，改变原有的机械、教条的执行课程，植入、构建了融通式全人课程体系；松山湖无痕教育集团在帮扶大岭山镇第三小学时，移植了学校的五大课程体系，并进一步建设了属于大岭山镇第三小学的“再造”课程，培养学生素养与能力。

（二）办学经验

松山湖功能区作为优质教育集聚地，在坚持集团发展一盘棋原则的同时，又尊重集团内成员学校的文化特色和办学特色，在推进集团化办学过程中发挥了重要作用。园区内的各类教育集团经过几年的探索实践，均已取得了一定成绩，并形成了可借鉴、可复制、可推广的办学经验。

1. 文化引领

形成集团化办学的高站位。学校文化，不仅表现为一种空间或环境文化，更是一种组织文化，是学校作为育人的社会组织所要追求的核心价值观念的集中体现，它是集团化办学凝聚力和向心力的重要源泉，是集团化办学思路和方向的标杆，能够帮助集团内部实现理念认同、课程认同和身份认同。无痕教育集团以“无痕 +”为核心文化，提出“各美其美，美美与共”的发展理念，尊重个性表达，努力将每所学校建成“扩大了的优质学校”。松山湖中心小学教育集团提出“溪月松风”“江月松风”文化定位，引领成员校教师团队从文化认知到文化认同再到文化生成。未来学校教育集团则以“创造教育”为理念，致力于打造契合未来教育的学习空间创新样态，着力培养学生的品质生活力、创新学习力和未来创造力，全面探索基础教育阶段创新人才培养新模式，在建筑布局、空间设计、学习方式变革、师资队伍建设等多方面展开积极探索。东莞中学松山湖学校教育集团强调“文化立校”，遵循以生为本的办学理念，为成员学校树立了办学思路和办学方向的标杆。在集团总校“卓立越己，筑梦松湖”的“卓越教育”品牌引领下，松湖排中的“融通教育”和松湖朗中的“朗生教育”品牌建设快速推进。

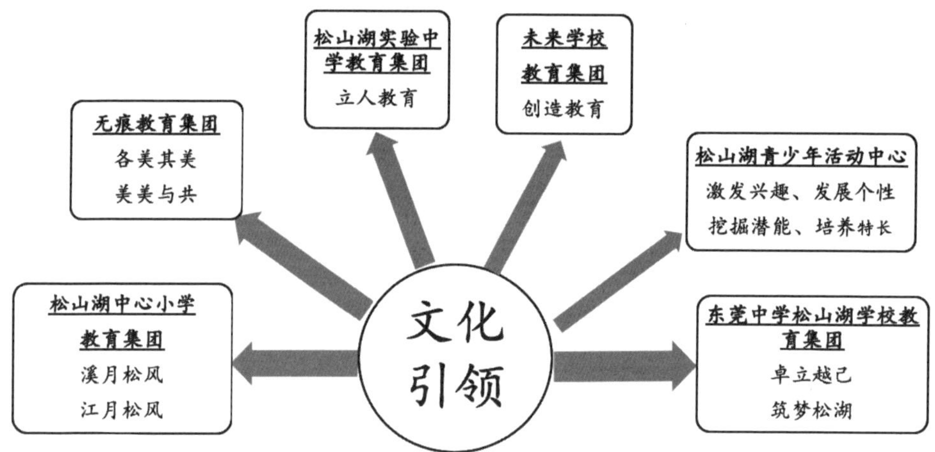

图 3-3　东莞松山湖功能区集团化办学经验——文化引领

2. 机制创新

奠定集团化办学的强基石。集团化办学的高质量发展依赖于科学的办学机制，需要领导班子队伍加强体制机制的创新，不断探索合理的治理结构、恰当的运营策略、规范的管理制度。东莞中学松山湖学校教育集团实现了中心下移，多主体参与，由集团总校长、集团理事会和成员校党校联席会议与教职工代表大会构成决策系统；由以各成员校校长为核心的校长室和各行政部门组成执行系统；由各校党委、工会、家委会等部门组成监督系统。松山湖中心小学集团办学机制的创新则不仅表现在整体组织架构上，而且体现在具体成员校的组织再造方面，比如集团化办学后成员校西溪小学的“处室管理”转变为“服务中心”，包括课程建设中心、教师发展中心、学生成长中心、资源服务中心。这抓住了学校发展的核心要素，聚焦了教育教学品质的关键点——课堂教学。松山湖中心小学教育集团构建了“135N 松岭范式”:“1”即 1 个执行校长，“3”即 3 个集团课程教学研究中心驻点导师，“5”即 5 个集团课程教学研究中心飞行导师，“N”即 N 个集团特聘专家。同时提出“外挂电梯赋能”模式，即在不改变成员校原来管理架构的基础上，增设一个外挂电梯（集团研究室），全面负责成员学校课程体系、课堂教学的技术管理、技术输入。更值得一提的是，松山湖中心小学教育集团后期人员派驻模式从“外挂电梯”转向“移动电梯”，采用更加灵活的流动性指导，起到了参与人数减少、指导效果更佳的理想效果。推进龙头校对成员校的持续支持和持续培育，为松山湖教育集团转型提供了具有推广价值的典型经验。

3. 协同发展

构建集团化办学的大格局。集团化办学的优势在于通过管理联动、教学联通、教师联袂、资源共享、课程共建、活动共创等方式，激发“1+1>2”的办学效应，在协同发展中实现区域教育的优质均衡发展。松山湖青少年活动中心积极落实松山湖功能区“1+9”统筹联动机制，利用市青少年活动中心、市中小学体育艺术联合会、市青少年科技教育协会等组织及其专业资源，搭建交流平台。松山湖实验中学教育集团构建了龙头学校向成员学校派出干部教师团队和从成员学校遴选后备干部挂职顶岗相结合的常态化教师交流机制。松山湖中心小学集团通过评选，选出名优教师到成员校对教师进行常态化的指导，使教师群体初步实现从课程认知到课程认同再到课程自觉的嬗变。无痕教育集团则围绕“优质课程共同体、优质项目共同体、优质教师共同体、优质资源共同体、优质机制共同体”五个维度展开了研究。东莞中学松山湖学校教育集团积极引进龙头校教育资源，通过公开交流和单独交流、派出学习和邀请讲学、集体学习和师徒结对、定期教研和不定期指导、共赛、共培、资源共享等多种方式强化师资力量，最终实现成员校教育教学质量的提升。

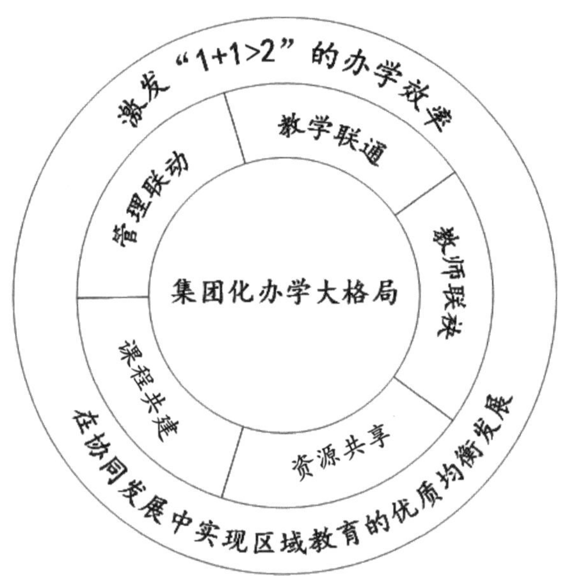

图 3-4　东莞松山湖功能区集团化办学大格局

4. 品牌建设

探索集团化办学的新路径。学校的品牌建设是校园文化和育人成果集中展示，是教育集团独特性、差异性的体现，能够避免集团化办学陷入“同质化”的误区。根据松山湖区域内多个教育集团的多年探索，已孵化出一定成果，并形成了区域内的品牌辐射效应。松山湖青少年活动中心依托园区丰富的科教活动资源，面向全市中小学生开展了“松湖博士开讲”系列科普讲座，成功举办了三届新年音乐会，促进了松山湖功能区科技艺术教育活动的协调融合发展。松山湖中心小学教育集团坚持“以术载道”，探索形成了“全人课程”植入、整合、新生三个阶段渐进发展的“三部曲”，以“品牌课例、品牌课程、品牌教师”建设为抓手，整合原有教学资源，创新本土化实践策略。东莞中学松山湖学校教育集团聚焦校本课程特色化，依托校内外支持系统，融合内外资源，从五个维度，构建校本课程体系，每学期一百多门校本课程、三十多个学生社团供学生自主选择，满足了学生个性化多元发展需求。未来学校教育集团构建了“创未来”课程体系，聚焦未来人才关键能力培养，创新实施国家基础课程，设立多样态校本课程群。

二、发展建议

基于集团办学成效经验，在集团化办学的再发展上，我们可以再深入思考一下发展建议。

（一）孵化再生：探寻集团学校成长溢出机制，做强集团、做优学校

跨行政区域集团化办学通过首轮探索取得了可喜的成果和有效的成长经验，但要取得持续的成效和进步，还需探寻有助于集团成员校持续孵化和再生的“成长溢出机制”，具体包括孵化机制、再生机制、退出机制。

1. 孵化机制

集团化办学合同期结束后，改善效果明显、办学成效显著提升的成员学校可向龙头学校提出申请，报市教育局核准后，脱离所在集团，组建新的教育集团，成为新的龙头学校。完成从“成员学校”到“龙头学校”的角色转变，与薄弱学校共享相关资源、课程、理念和人才，不断扩大集团化办学的示范引领作用，持续孵化出新集团、新名校。

2. 再生机制

为了避免龙头学校在不断“补给”薄弱学校的过程中，自身资源和实力稀释、品牌影响力下降甚至使教育集团变成一个“寄生学校群”的情况出现，集团既要注重资源的共享又要注重学校自身的建设，着力于要素优化、结构优化和生态优化，实现内涵式发展意义上的高质量发展。

3. 退出机制

具体包括淘汰退出、成长退出和再生退出三种机制，助力新优质学校的产出，提升集团化办学的质量。

（二）以评促建：构建区域评估指标体系，平等对话、充分协商

集团化办学是一个复杂的系统问题，因为集团化形成了超越单体学校之和的属性。以往评估单体学校的指标和方法，用于评估集团化学校已不合时宜。为科学评估集团化办学成效，明确集团化办学的未来走向，积极提升区域内学校办学质量，加速推进区域内的教育优质均衡发展，需从集团化办学的实际出发来构建区域层面的评估指标体系，可从主体发展指标、制度建设指标以及组织变革指标这三个方面来设定评价指标并形成一个完整的体系。

1. 主体发展指标

主要对象包括集团的领导层和中层管理团队、师资队伍外，还有家长、科研机构、教育企业等人群的满意度和参与度。

2. 制度建设指标

主要聚焦集团的组织运行、资源共享、教师流动、学校管理等制度的建设。如从文化管理融合度、优质资源共享度、教师队伍成长度、教育质量提升度、师生社会满意度、办学特色发展度等多方面构建一级指标，并下含办学理念融合、机制制度保障等二级评估指标。

3. 组织变革指标

主要指向集团的理事会和龙头学校作用的发挥。如以发展战略、管理机制、文化共生、资源共享、师资共育、课程共建、整体提升、创新发展作为集团化办学评估指标体系的一级指标，并结合区域实际，进一步细化二级指标和三级指标。不少地区已经尝试从多主体、多维度、多层次的视角构建集团化办学的评估指标体系，也有较强的借鉴意义。

基于区域集团学校成长评价指标体系，拟定合理可行的实施方案，在评价过程中双方平等对话、充分协商，并将评价结果及时反馈到集团建设过程，促进集团学校不断反思重建、自我完善。

（三）项目驱动：设计系列集团发展重大项目，突出重点、突破难点

随着教育集团从委托型教育集团、委托—联盟过渡型教育集团发展成为联盟型教育集团，项目式推进将成为深化集团化办学的重要举措。基于此，每年可以考虑从市、区、集团三个层级设计一批教育集团重大项目，推进学校之间、教师之间、学生之间、家长之间的常态化交流学习。根据此次调研获取的相关材料，建议从集团层面、学校层面、学科层面设计系列重大项目。

（1）集团层面建设项目，比如集团文化建设、集团治理体系、集团教师专业发展、集团督导评价等，这类项目需要市、区相关部门进行设计与统筹。

（2）学校层面建设项目，围绕五育并举的育人体系建设，设计一批学校课程体系建设、校本教研体系建设、教师发展评价体系建设、学生发展评价体系建设等重大项目，这些项目既可以从市区层面推进，也可以从集团层面推进。

（3）学科层面建设项目，围绕义务教育新课程标准，遴选建设一批创造性落实新课标的学科示范基地，围绕学科或跨学科课程开发、学科教学改革等核心任务，推进一批重大学科教学改革项目，这些项目可重点在集团内推进。教育行政部门需要为这些项目提供相应的制度保障与经费支持，教育需要为这些项目深入研究构建相应的制度机制保障。

（四）智力支持：以专业力量引领反思重建，提升质量、做出品牌

随着跨行政区域集团化办学步入改革的深水区，涉及的因素以及不同因素之间的关系就会更加多样、更加复杂，因此无论是教育集团之外教育系统与其他系统的保障方式，还是教育集团内部龙头校与成员校之间的互动方式，都需要更加系统、更加精准、更加顺畅的体制机制。从集团化办学先行地区的实践经验来看，强化智力支持，以专业力量引领集团化办学过程中的不断反思、持续重建，是提高集团化办学质量、打造集团化办学品牌的有效举措，构建“区域—集团—外引”构成的智力支持体系。

（1）成立专门的集团化办学研究中心，引进科研人才，专门研究松山湖集团化办学问题，强化松山湖集团化办学的概念、特色、路径、机制研究，为集团化办学的深度推进提供学理依据。

（2）以教育集团为单位，组建由龙头校、成员校名师代表以及校外专家构成的学术委员会，研究审议集团校的办学方向以及重大改革事项，为教育集团的办学思路与实践策略提供专业的咨询审核服务。

（3）以购买咨询服务的方式，聘请理论和实践方面的专家，打造一套符合松山湖集团化办学实际的保障体系，不断提升集团化办学保障机制的适用性和可操作性，定期递交集团化办学良好运行的政策提案和咨政报告。

（五）教师发展：构建集团教师发展的共同体，同心协力、共享发展

各学校集团在委托管理教育集团阶段更加重视与依靠派驻人员进行文化

建设、领导管理、课程教学等方向的直接输入，成员校与龙头校的整体教师队伍之间的衔接不够系统深入，导致进入委托—联盟过渡型教育集团阶段后，双方学校之间难以建立起长期的、稳定的科研教研交流合作制度。基于此，各教育集团在未来的发展中，应该更加重视龙头学校与成员校之间以及成员校之间的教师发展共同体建设。

（1）以学年为单位，制订教师交流计划，组织集团层面的交流、研讨、培训等活动，为教师提供一个互相交流、分享教学经验的平台。

（2）统筹集团内教师专业发展，开展教师发展需求调查，为不同需求的教师提供个性化发展机会。组织教师积极参与课程教学改革实践及研讨活动，提升教师课程教学领导力。

（3）建立鼓励学科组、备课组、名优教师跨校合作交流的教师评价体系，定期组织教师到集团内不同学校参与理论分享、教学观摩、异课同构、同课异构等教研活动。

（六）学生成长：构建集团学生发展活动体系，聚焦素养、优化活动

调研表明，受制于空间距离较远等跨行政区域教育集团的因素影响，各教育集团在学生互动交流等方面的探索不够深入。从教育学观点看，不同学校学生之间的常态交流是提高学生和家长对教育集团认同感的重要举措。基于此，各教育集团可以加强学生发展活动的整体规划，强化不同学校之间的学生活动统筹力度，在集团的整体规划之下，在青少年活动中心及分中心的指导下，聚焦学生核心素养的养成，创新活动内容和方式，形成各校各具特色、共创共享的学生发展活动体系。

（1）加强集团内不同学校足球、篮球、羽毛球、跳绳、艺术体操、游泳等体育活动的整体性，参照专业体育联赛制度，构建班级—年级—学校—集团构成的比赛体系，确保各项体育活动每年举办一次集团杯赛。

（2）整体推动学生艺术类、棋艺类、语言类社团建设，构建以社团比赛、交流、分享为载体集团展示或比赛活动，加强不同学校社团之间交流的广度和深度。

（3）以新课程标准为参照，组建跨校教师构成的跨学科实践课程、研学课程、社会实践课程等综合性课程的研发团队，构建集团内的跨校选课系统，在集团层面整合教育教学资源，集中力量为学生发展提供更加个性化的发展机会。

（七）政策保障：构筑行政支持保障体系，优化治理、共创优质

从可持续发展的角度看，松山湖探索的跨行政区域街教育集团，既是亮点，也是难点，面临着较大的挑战，具体体现在：各成员校加入各集团时，原有的行政隶属与产权归属保持不变，各集团中的成员校与龙头校在行政、经费、人事等方面隶属于不同的镇街，直接影响了各镇学校的教育资源划分与权责主体的明确，造成成员校资源缺乏影响集团化治理实效的后果。因此，可通过政策供给和组织协调等方面措施来迎接挑战、提供保障。

（1）政府转变角色，重视区域顶层设计，依据权利的让渡与分配，建构横向“政策群落”和纵向“政策链条”交叉的政策供给样态，以法律形式明确教育集团的法理地位和权限边界。

（2）对统筹经费投入、区域教师流动、干部教师队伍激励与退出机制提供政策保障，以保证教育集团建设场域内的要素组合发挥最大效能改变，并为改变结构注入必要的动力和资源。

（3）政府统筹协调国土、住建、规划、财政、消防等部门，开通各集团学校建设项目“绿色通道”，按照一城一策的原则适时增加教育用地与费用指标，简化项目审批流程，最大限度减少学校建设项目的前期审批时间，以扩大教育资源供给力度。

通过以上政策举措，创新和优化集团学校的内外部治理，激励集团学校同心同德、共创优质学校，不仅保障学校创优，也使集团走向善治。

三、可持续发展方案

基于经验提炼和未来发展路向研究，我们可为跨行政区域集团化办学的可持续发展提出三种可能的发展路向。

方案一：托管后原集团各校自主发展

这一方案是按既定方针由托管转为各个学校自主发展，其优点是各校可选择适合本校发展方向的课题或项目（如学校治理、课程教学、教师发展、学校文化、家校共育、校社共建等）开展持续探索和深化研究，这也需要聘请高校或科研教研机构的专家或名校校长开展点对点的指导，经费压力不大；缺点是原有的集团化模式及校际互动合作方式难以为继，确会出现“晕轮效应”减退、热度和力度降低、可持续发展机制中断等困惑和令人担忧的问题。

方案二：转型为松散型集团化发展

前期的集团化办学以委托管理为主导形式，从托管转型为松散型集团。松散型集团淡化“名校”或“龙头校”的主导作用，集团内所有学校皆为独立法人单位，可遴选有专业威望的校长或专家担任集团理事长，各成员校之间平等互助合作，可借助校外专家等智力支持。其优点是能推动原有集团办学模式持续深化发展，可弥补方案一的不足，保持集团化办学的热度和力度；缺点是需要更多的经费来支撑。

方案三：多样并存的混合式发展

方案三是前两种方案的整合，且兼容了多种集团化办学模式。除了有托管式集团、松散型集团等同类型（普校或职校）同学段（义务教育段和高中段）的多校合作式的集团和自主发展的独立学校，还有跨学段（小初高）、跨体制（公办民办）、跨区域（与其他地区学校建立牵手或联盟等关系）等多种合作共享模式。功能区内可根据各校发展的不同状态和需求，采取“学校申报—专家审议—行政批准”的流程，在功能区内分类或分段布局，形成“自主发展”“松散集团”“跨域联合”等多样并存、各展异彩的生动发展局面。

方案三的优点是为区域内每一所学校提供合作发展的空间、自主选择的机会，能形成“一校一策”，还能将前期集团化办学的成效磨亮放大；缺点是可能出现校际差异拉大，强的更强、弱的更弱这种现象。所需经费，大致是方案一、二的折中。

第四节　松山湖跨行政区域集团化办学案例

案例一：东莞松山湖无痕教育集团办学经验

培育文化向心力是集团化办学的灵魂，集团化办学最根本的目的是促进教育均衡，增进教育公平，这是集团化办学的核心价值追求。

我国著名的社会学家、人类学家费孝通先生有一句经典名言：“各美其美，美人之美，美美与共，天下大同。”东莞松山湖无痕教育集团将其中“各美其美，美美与共”作为集团理念。在集团成立一年来勇于探索，敢于创新，在研究中行动，在行动中思考，力求集团下属各成员校多元共生，协同发展，共同优质。

一、无痕教育集团基本情况及推进集团办学的背景

集团化办学是满足人民群众日益增长的教育需求的有效路径，更是推进教育优质均衡发展的重要举措。为进一步深化教育供给侧结构性改革，落实《东莞松山湖片区“1+6”统筹联动组团发展工作推进方案》（东府办〔2017〕15 号）、《东莞市推进中小学校集团化办学实施方案》（东府办〔2018〕46 号）等文件精神，同时为更好服务“湾区都市、品质东莞”创建，保证“学在松湖”区域品牌优势，2019 年 6 月，依据东莞松山湖功能区教育统筹发展的需求，基于松山湖高科技产业园“科技共山水一色，新城与产业齐飞”的发展理念，松山湖成立“松山湖无痕教育集团”，集团是东莞松山湖“一园九镇”创建的公办学校教育集团。

松山湖片区推进园区统筹组团发展第五次联席会议审议了《松山湖片区教育统筹组团发展工作方案》，成立了由园镇相关领导担任正副组长的松山湖片区教育统筹发展协调工作小组；松山湖教育部门制定了功能区跨镇街集团化办学需求工作流程，完成了《松山湖功能区基础教育集团化发展调研报告与编

制规划（初稿）》，出台《松山湖功能区基础教育集团化办学实施意见（初稿）》；松山湖管委会同意松山湖与横沥的集团化办学，并签订《学校委托管理协议》。在政策护航、机制运行、经费补贴等方面给予大力支持，切实保障松山湖功能区基础教育集团化办学高质量可持续发展。

无痕教育集团龙头学校为松山湖北区学校，集团总校长冯正华（东莞市名校长工作室主持人，南粤优秀教育工作者）。目前成员校有松山湖北区学校、松山湖实验小学、松山湖横沥实验学校和大岭山第三小学四所学校，松山湖北区学校与实验小学为旗舰校。

松山湖北区学校定位为1—9年级全日制学校，是一所高起点、高品质的高端公办学校，学校最大设计规模为84个教学班的配置，其中小学48个班，初中36个班；学生在校人数最大规模不超过3960人，于2020年9月开学。

松山湖实验小学定位为1—6年级全日制学校，2010年开办，最大学校设计规模为48个教学班的配置，现有学生2000人。荣获“东莞市首批品牌学校”“全国智慧课堂示范学校”“中华吟诵示范学校”“广东省诗歌教育示范学校”“广东省体育传统项目学校”“第三批广东省中小学艺术教育特色学校”称号。

松山湖横沥实验学校定位为1—9年级全日制乡镇学校，最大学校设计规模为60个教学班的配置，其中小学36个班，初中24个班；于2019年9月开学，目前有一年级在校学生近300人。

大岭山镇第三小学定位为1—6年级全日制乡镇小学，最大学校设计规模为24个教学班的配置，现有学生1100余人。师资总体偏弱，多为本地教师。

二、无痕教育集团化办学改革的发展现状

（一）基本情况

松山湖无痕教育集团性质：松散型。松山湖无痕教育集团发展模式：强弱联合。

（二）管理体制

1. 组织建设

组织建设主要体现在目标进化、自我创新、扁平化管理、分布式领导等方面。

集团各成员校人事财务等由独立法人管理，但集团校学科教育研究和师资培训由集团统一管理。设立“无痕管理委员会”，作为集团管理机构，全面协调集团各成员校的日常管理工作。

成员校设“一院两会四中心”，一院：无痕教师成长书院；两会：学术和道德委员会与督导评价委员会；四中心：课程教学研究中心、学生发展中心、办公后勤服务中心、心理教育和家长发展中心。各中心从各个不同的角度与使命引领集团每个成员校开展项目研发、实施、评估，助力各校的特色发展、品牌打造。

无痕管理委员会协调各个成员校的日常工作，确保各项教育教学工作安全、顺畅、高效地开展；成立了督导评估委员会，每月一次对各个成员校进行教育教学常规调研，了解现状、盘点家底、精准互补。

2. 督导机制：“管办评”科学分离

将督导内容分为学校领导、行政管理、课程开展、教师教学、专业发展、学生学习、创新实践、校园营造、资源统整九项，规定其向度、项目、指标、评选标准，组织第三方统一督导。

（三）运行机制

1. 实行教师委派、交流制

坚持集团内部管理“一盘棋”，实行管理骨干双向委派制和教师交流轮岗制。明确交流人员名单，合理划分教管人员交流批次；管理人员交流期限一般不低于两年，专任教师交流期限一般不低于一年；每年教师交流人数依据集团化办学实际需求执行。

2. 建立教育教学交流机制

建立学校课程研发中心，开展课堂教学研讨、评比等活动，将先进的教育理念、管理经验和教育教学方法输送给成员学校，重树成员校教育理念，改革教学方法，提升教学质量。

3. 建立定期同标各项培训机制

组织全校教师开展集团化办学岗前全员培训，统一教师队伍与集团化办学项目在办学思想、教学理念、课程意识、班级管理与教学技能等层面的步伐。建立“全员课堂”体系，定期召开交流大会反馈新校教育教学问题，深入探讨集团化办学计划的落实情况，及时合理地调整办学进程。

4. 建立学校、学术交流、教师职级、职称晋升机制

建立学校、学术交流、教师储备库。交流任期结束后返回本校任教的教师、管理人员，在行政岗位级别晋升上倾斜，给予优先发展机会。

5. 建立校长、教师聘用、考核、工资福利同标管理机制

集团化办学，实行龙头学校派驻人员人事关系、工资等由总校统筹管理制度，加强流动期间科研学术成果与薪酬福利的管理。给予龙头学校派驻成员学校人员每年每人两万元经费补助。

6. 建立龙头学校人员补充机制

统筹规划使用教育集团内领导职数、专业技术岗位指数。对跨区域集团化龙头学校，在领导职数、专业技术岗位指数分配上由龙头学校提出，教育部门审批执行。

7. 建立集团办学第三方评估机制

集团化办学周期原则上不少于三年，每年对教育集团进行专项评估，评估结果作为集团化办学改进参考依据以及绩效奖励依据。

8. 建立集团化办学经费同标保障机制

以与需求方政府签订协议的形式取得集团办学条件、设施建设、人员培训、活动开展等方面经费支持。结合实际，科学合理编制集团基本运行和业务发展经费预算。强化绩效管理和集团考核评价体系的建设，提高集团经费的使用效益。

（四）办学特色

学校办学遵循“大教无痕，对每个孩子的终身发展负责”的宗旨，致力

于面向未来培养21世纪人才，注重社会效益，实现非营利性办学。确立了集团“无痕+”的核心文化后，将整个集团的VIS视觉形象识别系统进行了完善，形成统一的文化标识，在对每一所成员校进行SWOT分析的基础上，设计了各个学校的新表达。

1. 松山湖北区学校——无痕·未来

人类进入以人工智能为标志的智能时代，未来已来。教育说到底是为未来培养人才，未来需要什么样的人才，教育就要培养什么样的人才，“身心自然完整，未来自由胜任”是学校的育人目标，让每一个学子都具有未来胜任力。作为核心校，必将立意高远，面向未来，有着高屋建瓴的前瞻能力，不仅自身需要快速、高位地发展，还承担着引领集团其他成员校发展的责任和使命。通过学校的优势品牌和项目的推进，引领并带动整个集团的发展。

2. 松山湖实验小学——无痕·智慧

以信息技术和课堂融合的智慧课堂为核心的智慧校园特色一直是实验小学的品牌，曾得到国务院参事、东莞市市长等各级领导及社会群体的高度认可，获得了全国智慧学校等荣誉。大数据驱动的教学范式和学习范式研究正成为学校工作研究重心。在无痕教育理念下的智慧教育深度研究和实践，必将为集团发展注入新能源和新动力。

3. 松山湖横沥实验学校——无痕·有为

“小城大爱”是横枥镇区域道德精神和特色传统，学校结合“小城大爱”的区域善行文化特色，倡导主动助人、乐善好施、服务他人、奉献社会的时代精神和志愿者文化；营造和谐、友好、健康、文明、生态的校园文化氛围；从学生的文明行为习惯培养入手，通过乐善校园文化建设，带动家庭、社区、社会精神文明一体化建设。“善为教育”体现立德树人的根本任务要求。大教无痕，大爱无声是立德树人的最高境界。

4. 大岭山镇第三小学——无痕·本色

以东纵纪念馆为代表的红色文化一直是大岭山独具的文化教育优势，传承本色基因与发扬革命传统成为区域性教育特色。另外，本色的教育应是在自觉自愿、积极主动的参与体验中实现“自我感悟”“自我建构”“自我提升”。这种教育是无痕的，是对生命最大的尊重，是对教育本原和教育本真追求的至高境界。

三、集团化办学改革的成效及主要经验

无痕教育集团成立以来，本着资源共享、多元共生、和而不同、各美其美的发展方针，积极开展系列活动，促进集团各成员学校的发展，如：拟定《无痕教育集团章程》，签订《无痕教育集团办学协议》，拟定《无痕教育集团三年发展规划》，开展系列文化、课程等相关培训，取得了集团办学改革的初步成效。

（一）在校长与管理干部委派交流方面，不遗余力

着眼松山湖北区学校，筹建伊始学校就孕育于与松山湖实验小学组建的教育集团之内，充分发挥集团办学的优势，按照校长与骨干教师交流机制运行，新校校长也由东莞市首批品牌学校松山湖实验小学校长冯正华兼任。负责北区小学部工作的副校长也由实验小学德育主任姚湘斌担任，实验小学办公室王勇副主任调任北区学校行政服务中心主任，实验小学教学管理中心副主任郭武松调任北区学校教学管理中心副主任。两校之间血脉相连，在实验小学品牌辐射带动下，正通过集团化办学实现“以强培新”“以强出强”，完成一次优质教育的跃升。另外，在对于大岭山第三小学与横沥实验学校骨干教师委派方面，松山湖实验小学也是积极践行旗舰校的使命与责任，原实验小学课程研发中心主任李芳调任大岭山第三小学教学副校长，骨干教师李烨老师被调到大岭山第三小学教学管理中心委以重任。原实验小学学生发展中心莫淑敏主任调任横沥实验学校德育副校长，信息中心骨干教师周老师调到横沥实验学校主管学校信息技术课程与开发建设。委派校长、骨干教师到新学校后，继承实验小学优良传统，敬业爱岗，同时结合新学校办学实际情况，勇于探索，务实创新，在课程建设、教师培训、学校管理、品牌创建等方面发挥积极的示范与引领作用，很快使新学校各项工作步入正轨并实现快速发展。

（二）在课程共享与开发建设方面，传承中有创新

松山湖实验小学把“全面发展的人”作为学校无痕课程的核心素养聚焦点，通过十年探索，创建了独特的“1+4”课程结构，形成学校独特的课程品牌，即国家必修基础课程＋无痕特色课程（必修拓展性课程、必修融合型主题课程、选修社团课程、综合性活动课程）。学校在探索无痕校本课程中，构建了“一日特色课程体系”，开发出版校本教材，即《晨诵》《午练》《暮韵》《男足》《女舞》《创客》等，并把这些课程排进每日的课表扎实开展与考核。学生核心素养在无痕课程的学习中得到提升，最终结出了累累硕果。集团将实验小学无痕课程，输送到集团各成员校，各成员校再结合学校自身办学理念与特色，进行二次课程开发，最终形成学校自身课程体系，打造独具特色的课程品牌。

（三）大岭山第三小学依托集团办学成效显著

1. 理念定位

依托集团以“无痕”教育为核心理念的引领，形成大岭山第三小学的文化定位：无痕·本真。“本真”就是学校从地域红色文化资源入手，大力打造“本真教育”品牌——“扬东纵精神，做本真教育”。

2. 课程构建

依托集团校的课程资源与经验共享，在完成国家课程培养目标前提下，学校构建了大岭山三小的“本真”课程体系。本真课程的全面完善构建，为我们下一步学校工作的整体提升，奠定了坚实的基础。实现国家、地方、校本三级课程有机融合，发挥其不同的教育功能。

3. 品牌培育

学校连续两年申报品牌校均未成功，共建这一年，在集团帮助引领下，学校重新认识并调整了文化定位，重新打造了育人空间，重新建构了“本真”课程体系，由于部分课程的成功实施，学校今年终于通过了品牌学校的申报，给全校教师带来莫大鼓舞。

4. 师资培训

这一年，集团为学校教师成长，搭建了广阔的学习平台。足球、创课两

门学科，每周共教研，共训练，共培训。龙头校相关送课、送讲座20余次，内容涵盖“智慧课堂实施”“阅读体系构建”“创课课程介绍”“足球课程与活动设计”“班级管理经验介绍”“足球一周集训”等，让教师素养得到质的提升。最重要一点，集团的引领像为学校注入了一股活水，教师们焕发出新的激情与活力，积极投入学校的变革中。

5. 家长口碑

学校办学理念的更新，课程与活动的丰富，教育质量的提升，教师良好的精气神，促进了学生全面而有个性的发展与健康成长，学生与家长满意度逐步上升，由过去的60%上升到90%以上。金杯银杯不如家长的口碑，生源明显增多，由原来的可来可不来的犹豫转变到现在到学校抢着找学位的喜人状态，学校在家长与社会各界的美誉度逐步提高。

（四）松山湖横沥实验学校依托集团办学初见成效

1. 传承理念创特色

东莞松山湖横沥实验学校秉承东莞市松山湖无痕教育集团“无痕教育”办学特色，结合横沥镇的善行文化特色，确立“大教无痕，大爱有为”的教育理念，立足粤港澳大湾区未来教育的发展，充分利用东莞理工学院的优质高校教育资源，实行个性化“有为教育”实践模式。

2. 课程构建多元化

学校袭承了集团成熟的特色课程体系，创新课程内容，开设综合实践、晨诵、午练、暮韵、男足女舞和啦啦操等特色课程以及小合唱团、皮影戏剧社等社团，还开展元旦展演、期末游考等活动，增强了学生体魄，提升了学生的创新能力、实践能力和音乐素养、美术素养。

3. 依托集团强师资

借助“松山湖”教育品牌优势，吸引一批骨干名师与名牌大学应届生加盟。现专任教师有正高级教师、特级教师、省级骨干教师、地市级优秀教师、学科带头人等优秀名师。

学校教职工的聘任由松山湖无痕教育集团统一组织参加松山湖科技教育

局安排的招聘活动，2019 年秋季招聘与 2020 年春季招聘坚持应届生需毕业于 985、211 院校，社会人员需获得多项市级以上荣誉的招聘原则。

4. 专业培训促成长

学校邀请松山湖实验小学优秀教师进行专业讲座，为青年教师传授经验，进行专项教学指导，强化师风师德，提高教师的工作质量和教育教学水平。学校还积极组织课题研究，语文科组申报了《低年段语文阅读教学中批判性思维培养路径研究》课题，综合科组申报了《非遗文化与艺术学科深入融合的实践研究》课题。

5. 家长满意反响好

学校开展了教育教学满意度线上调查活动，调查结果显示：学生家长对学校工作达到非常满意程度的达 80%，对教师师德与教学能力达到非常满意程度的达 86.79%。总体而言，学生家长满意程度较高的是学校的师资、学校的教育理念与教育方式、学校的学习氛围等。

四、集团化办学的主要问题及下一步改革思路

（一）集团化办学的主要问题

无痕教育集团许多工作仍处于探索阶段，仍有许多亟须改善和优化的地方，主要表现在以下四个方面：

1. 教育改革的观念比较保守

集团各成员学校所在地主管教育的领导和校长，在集团化办学的观念上仍有所保留，尤其是在课程建设、教师培训、学校管理等方面观念比较陈旧、传统，不能按照《无痕教育集团三年发展规划》开展相应教育教学改革，在一定程度上限制了集团化办学的发展速度。

2. 成员校师资力量仍比较薄弱

由于大岭山第三小学属于乡镇公办小学，教师招聘没有纳入集团管理，加上本地老教师居多，有很大一部分教师安于现状，不愿意参与教育教学改革与创新，或者心有余而力不足。师资力量的薄弱成了最需要帮扶的方向，同时

影响了集团化办学的步伐。

3. 集团内部管理岗位设置有待完善

目前无痕教育集团虽然在管理机构上已经初步形成，但是在人员配备上仍不充分。部分岗位工作开展仍没有启动，只是由各成员校自由发挥，缺乏集团办学应起到的引领与指导作用。

4. 无痕教育集团成员校跨度大

成员校跨度大主要表现在三个方面：一是成员校属地跨度大（两镇一管委会），二是各成员校的办学体制跨度大（乡镇小学、乡镇九年一贯制、高新区九年一贯制公办学校），三是各成员校办学时间跨度大（0—20 多年）。这些跨度与差异给集团化办学的各项工作协调带来一定的难度与一定程度的挑战。

（二）集团化办学的下一步改革思路

集团教育教学改革之路注定是一段充满艰辛的历程，有困难就有挑战，有挑战才有动力，更能体现集团办学的意义与价值所在。将从以下五个方面开展工作：

1. 坚定目标，勇于实践

进一步坚定集团化办学思路，明确集团发展目标，坚持集团“各美其美，美美与共”的发展理念，尊重各成员校的个性表达，办学实践中敢于创新，在研究中行动，在行动中思考，力求集团下属各成员校多元共生，协同发展。

2. 加强学习，更新观念

建立集团内部学习机制，定期组织内部学习，开展教育主题论坛，关注当前最前沿的教育动态，了解教育教学改革方向，进一步促进各成员校领导的教育改革意识。

3. 完善管理，创新机制

进一步完善无痕教育集团的内部管理机制，按照“一院四中心”的岗位充实人员，各中心按照《无痕教育集团三年发展规划》拟定系统、科学的工作计划与实施方案，加强落实、提高执行力，继续推动各项工作的落地与高效执行。

4. 典型引领，品牌带动

进一步发挥松山湖实验小学、松山湖北区学校旗舰校的示范与引领作用。鼓励学校品牌的深度创新，并把探究成果形成优势资源在集团内进行共享，从而带动其他两所成员学校品牌的打造与升级。

5. 逐步推进，协同发展

在目前无痕教育集团理念与各成员校办学文化已经初步形成的基础上，有序推动课程建设、轮岗支教、教师培训、学校管理，尤其是在学校管理上进一步推动深化改革。根据《无痕教育集团三年发展规划》开展系列工作，全力把今后的工作做实、做到位，同时要学习其他先进教育集团办学经验，加强交流与反思，同时注重成果的积累与体现，不断创新，加快集团建设与发展，把集团化办学工作继续推向前进，实现集团化办学最大效益。

路漫漫其修远兮，吾将上下而求索。未来已来，如何引领一个教育集团平稳发展与品牌铸就之路，如何引领每个学校形成自己的特色与品牌，如何形成各美其美，美美与共的良好局面，这都是各成员校需要共同研究的课题。未来我们将一如既往地坚持“无痕理念”为办学宗旨，紧紧围绕“各美其美，美美与共”的教育集团发展理念，从“松山湖实验小学——无痕·智慧、松山湖北区学校——无痕·未来、松山湖横沥实验学校——无痕·有为、大岭山第三小学——无痕·本色”四个维度开展研究，大力探索无痕特色发展与品牌建设。

集团品牌建设之路注定漫长而又艰辛。但是我们不畏惧，我们要迎难而上，迎接挑战。因为我们已经身处鼓励学校大胆创新的时代，因为我们教育集团有一群怀揣共同教育梦想、来自全国各地教育精英组成的优秀师资队伍，还有松山湖实验小学在“无痕”特色与品牌探索中取得的宝贵经验。

（本案例由松山湖无痕教育集团提供）

案例二：东莞松山湖中心小学教育集团办学经验

在工业化、现代化成为社会发展的基本取向时，教育或者学校的优质化、品牌化必然随之而来，这是社会发展对高素质人才需求的必然体现，也是基础教育发展的应有之义。当前，东莞教育呈现出总体规模大、结构特殊、发展不平衡、品牌学校数量趋少等鲜明特点。2017年7月，为促进优质教育均衡发展，贯彻“松山湖一园六镇统筹发展”的相关文件精神，松山湖园区率先与寮步西溪小学进行共建办学探索。2018年东莞市推出“教育集团化办学和创建品牌学校”两项举措。2018年6月，寮步镇与松山湖中心小学达成集团化办学协议，松山湖中心小学正式托管寮步镇西溪学校，开始了以“全人课程植入”为中心，创新集团化办学模式的改革之路。

一、松山湖中心小学的基本情况

松山湖中心小学作为东莞市首批集团化办学试点学校，又是第一家开展“跨镇街集团化办学”的学校，在东莞市集团化办学相关政策和制度的很多细节尚不明晰的情况下，面对跨镇街“多头管理”及地域差异等带来的现实困境，该校发挥东莞“敢为天下先”的精神，率先完成集团化办学的调研论证和具体规划并提前介入实施，旗帜鲜明地提出“基于集团化办学创建品牌学校”的目标愿景。在跨镇街集团办学的实践中，松山湖中心小学集团大胆实践，摸索创新，建构起以“全人课程植入”为中心的集团化办学创新模式，集团办学品质获得快速提升，集团办学效益获多方赞誉，为东莞市进一步推动集团化办学和培育品牌学校工作，起到了良好的示范与引领作用。

（一）集团化办学概念和现状

集团化办学，是一种以契约为纽带构建的大规模多层次组织形态，是通过优势互补或以强带弱，推进教育资源优质均衡发展的办学模式。品牌学校，是学校在创建、发展过程中逐步积淀下来的，具有一定知名度、赞誉度的学校综合内涵的概括，学校有特色、成品牌才有办学质量和办学效益。

（二）创新之处：为什么是“全人课程植入”

（1）相较于深圳广州等周边城市，东莞的教育集团化办学才刚刚起步。松山湖中心小学作为东莞第一批集团化办学试点单位，缺少系统的本土化理论指导与实践参考案例。

（2）松山湖中心小学集团化办学属于跨镇街办学，对于我校师生、家长以及寮步西溪村民等有心理上接受和排斥的差异，如果只是依靠行政手段推行集团化办学，其后续阻力和困难都难以预期。

（3）松山湖中心小学以三个五年规划建构的“全人课程”办学模式，比较成熟，在东莞乃至珠三角地区的社会认可度高，易被接受。

（4）松山湖中心小学“全人课程”体系从课程哲学、实施策略到教学实操，都是看得见摸得着的，是老师们可操作、可接受的。

（5）学校教育的核心是课程建设，抓住了课程，就抓住了品牌学校建设的“牛鼻子”。松山湖中心小学集团提出以课程植入的方式，指向的是学校的内涵发展，对提升学校的教学品质、师资水平、保障学校的可持续发展等都有深远的影响。

（6）综观国内外集团化办学基本方式，主要是采用酒店连锁管理的方式，即采取“管理输出”和“人才输出”的方式，带动薄弱学校发展。而鲜明提出以“课程植入”的方式开展集团化办学从而实现优质学校快速重组，松山湖中心小学集团是第一家，在全省乃至全国都具有较强的示范性和引领性。

（三）松山湖中心小学的发展目标

1. 总体目标——集团办学规划

依托东莞松山湖中心小学名校文化和优质资源，通过同一办学理念、同一管理模式，把松山湖中心小学的全人课程教育思想、课程体系、教学策略等植入、整合到西溪学校，争取在3—5年，把西溪学校发展成为和东莞松山湖中心小学品质相当的学校。

2. 具体目标——创新集团办学模式

（1）办学载体创新：依托松山湖优势教育资源，松山湖中心小学创造性提出集团化办学的主要载体，即以全人课程为核心的松山湖中心小学办学模式。

（2）实施策略创新：根据集团龙头学校和成员学校的现实情况，创新集团办学实施策略，创新设计“植入、整合、新生”的课程立校三部曲，坚持走内涵发展的品牌创建之路。

植入不是复制，是学校在原有发展基础上对优质教育资源和先进教育经验的积极引入，寻找西溪学校集团化办学的突破口，实现“弯道超车”。按照集团办学规划设计，根据西溪学校现实条件和特点，进行有选择、分阶段植入松山湖中心小学全人课程。

整合即合成、贯通。将植入的内容进行消化和吸收，转变为自身成长的要素。通过边植入边融合的方式，以品牌学校建设（品牌课例、品牌课程、品牌班级和品牌教师建设）为工作抓手，催生西溪学校内生力量，逐步完成“全人课程”在西溪的实施融合。

新生，在完成“全人课程”植入与整合的基础上，秉持“和而不同”的办学原则，逐步创生出具有寮步西溪特色的办学模式和学校文化，达成集团化办学创建品牌学校的规划愿景。

（3）具体措施创新：在规划论证和多方调研基础上，首次提出集团办学“具体措施一、二、三”，即一个中心，以“全人课程植入”为中心，指导并规范办学行为；两种模式，通过两种教师快速成长模式，推进“一专多能”的复合型课程师资建设；三个层面，重点落实课程教学、班队建设、文化浸染三个层面工作，全面提升办学品质。

二、松山湖中心小学集团的经验做法和工作成效

松山湖中心小学集团在进一步深化集团化办学模式创新工作的过程中，多方论证、大胆创新、积极探索，创新并实施了一系列国内外集团化办学首创的办学举措，打造东莞市集团化办学特色品牌，得到各方广泛认可，主要采取了以下做法。

（一）一个中心：以“全人课程植入”为中心，指导并规范集团化办学行为

1.“全人课程”四个项目植入推送之“破冰”

2018 年 3 月 2 日至 6 月 21 日，集团化办学“破冰”工作——“全人课程”项目推送植入工程开始。结合西溪学校现实条件，松山湖中心小学在全人课程中遴选 4 项内容，作为首批推送植入项目。西溪学校共有 21 位教师参加培训，

松山湖中心小学派出21位导师，一对一辅导“包教包会”，通过网络培训、导师授课、课后研讨、现场教学、调研诊断等植入形式，共开展项目植入筹划会6次，导师做课12节，学员磨课24次，学员做课15节，线上、课堂诊断及现场指导20余次。通过近4个月的首批植入项目培训学习，西溪学校的教师初步感受到了“全人课程”的强大生命力，丰富了老师们对“全人课程”的认识视野，极大地提升了教师素养，反馈到课堂教学上取得了良好效果，为集团“全人课程”后续项目的植入工作做了很好的铺垫。

2.“全人课程”项目植入试点之“起航”

2018年9月，按照集团办学规划，集团西溪学校“全人课程”项目植入工程正式启动。在学科基础课程和学科拓展课程中规划6个项目作为2018—2019学年度植入试点。本次“全人课程”植入工作，集团学校明确12位教师参与12个班级植入项目试点。通过一个学期的植入工作，试点班级的精神面貌和学生学习力得到很大改善，通过植入工作探索出有效的教学模式和经验，为下一步“全人课程在西溪”的全面铺开奠定了基础。

3.“全人课程”项目植入试点之“风采展示”

2018年10月18日，东莞松山湖中心小学集团“语文主题教学”研讨会在西溪学校举行，集团学校教师在东莞市小语界500多位教师面前，展示了集团化办学“全人课程”的植入效果，引起了东莞市教研室和《东莞日报》的高度关注。市教研室副主任严考全老师在会后点评，不仅对西溪学校在语文课程教学研究方面给予了充分肯定，还对学校集团化办学赞赏有加。

松山湖中心小学集团坚持以“全人课程”的植入为集团化办学的工作中心，切实开展“全人课程在西溪”的课程校本化实施。在坚持国家课程改革纲要基本精神的前提下，根据西溪学校自身性质特点和条件，将国家课程层面上规划和设计的面向全国学生的书面计划的学习经验，创造性地转变成适合本校学生学习需要的实践经验，即该校提出的“全人课程在西溪”，如现阶段正在开展的语文“主题教学”研究，数学“问题教学”研究，英语“话题教学”研究，音体美“1+X教学”研究以及学科拓展课程“四个一”教学模式研究等。在“一个中心”的目标指引下，松山湖中心小学集团正在通过“植入项目”的研究和引领，在教材的校本化处理、学校本位的课程整合、教学方法的综合运用和个性化加工以及差异性的学生评价等方面探索经验，制定和完善相关的多样化行动策略，指导并规范学校办学行为，为“全人课程在西溪”的全面推进奠定基础。

（二）两种模式：通过教师队伍快速成长的两种模式，推进“一专多能”的复合型课程师资建设

西溪学校集团化办学载体是以松山湖中心小学“全人课程”为核心的办学模式，走的是“课程立校”的办学道路，课程建设是集团化办学品牌学校建设的核心所在。而培养能够适应“全人课程”模式的教师队伍和管理团队，则是松山湖中心小学集团化办学成功的保障。

第一种模式：种子教师 + 交流教师“涟漪式”教师发展模式

（1）“种子教师”的引领与传播。

2018 年 2 月，松山湖中心小学遴选 8 位教师作为西溪学校集团化办学的“种子候选教师”，于 2018 年 2 月至 6 月，集中在松山湖中心小学完成“全人课程”相关模式的培训工作。最终 4 位教师经过考核合格成为“种子教师”，于 2018 年 7 月，入驻西溪学校参与日常教学与管理，传播、贯彻“全人课程”理念和模式操作，引领学校师生完成“全人课程在西溪”的植入与整合工作。

（2）交流教师的成长与反哺。

集团西溪学校从 15 位报名教师中选派 6 位教师赴松山湖中心小学开展跟岗交流培训，交流期限为一学年。交流教师岗前培训之“技能储备”培训工作于 2018 年 5 月开始至 8 月 25 日结束，8 月 27 日正式在松山湖中心小学上岗执教。集团西溪学校在三年时间内，通过每年大约 10%—20% 的教师与松山湖中心小学教师开展为期一年的交流跟岗，最终有超过 1/2 的教师完成跟岗交流培训并按松山湖中心小学要求结业，以期培养出能够按照松山湖中心小学办学品质持续发展的管理团队和教师队伍。通过交流教师的学习成长与“反哺”，催生西溪学校教师队伍内生力量。

同时，松山湖中心小学选派5位优秀教师对口交流到西溪学校，松山湖交流教师和种子教师，分别担任西溪学校行政和课程组长，直接领导、参与“全人课程”的植入与整合工作。这股由种子教师和交流教师组成的强大的生力军的注入，就如同在池塘里投入一颗石子，荡起一圈圈涟漪并逐渐扩展开来。种子教师+交流教师“涟漪式”教师发展模式，必将在西溪学校引发并扩展出更多的波澜，开出更绚丽的花朵。

第二种模式:“复合型”松山湖教师成长模式

（1）“一专多能”岗前培训工程。

松山湖中心小学集团组织西溪学校（含交流教师）近70位教师，以“站稳讲台”为目标，以做好开学第一课、第一单元、第一周工作为培训思路，在暑期开展了历时16天的集团化办学岗前全员培训。通过思想导航、团队拓展、技能储备、教学实操等“全人课程”体系的模块化培训与测评，在较短时间内使集团的教师队伍，在办学思想、教育理念、班级与学生管理方法、课程认同与课堂教学技能等多方面完成与集团化办学思路的初步对接，使得集团西溪学校的教师从开学第一天起，就能够自信满满地站在孩子面前，把“全人课程”的各项要求落到实处。

（2）“领头雁”教师发展工程。

松山湖中心小学集团以学校课程建设需求为导向，以提升课程教学能力为目标，以“教有余力”的教师为对象，积极开展西溪学校“领头雁”教师发展工程。

集团西溪学校“领头雁”教师发展工程，是学校“品牌教师”工作抓手的重要内容，主要是指“全人课程”植入项目主持人制。在教师发展平台体系中，不同课程下都有着不同的研修项目，如语文“主题教学”工作坊、“一手硬笔好字”课程工作坊、体育“跳绳技能”和“游泳技能”研修俱乐部、班队“案例研修”例会等。这些研修项目的实施，由学校招募或是教师申报项目主持人，组建项目组，成为该项目“领头雁”，推进教师的自主发展。

松山湖中心小学集团基于课程建设形成并实施的两种教师队伍快速发展

模式，培养了一大批“复合型”教师人才，为创建品牌学校解决了最根本的师资问题。

（三）三个层面：重点落实课程教学、班队建设、文化浸染三个层面工作，全面提升办学品质

松山湖中心小学托管西溪学校集团化办学，主要着力点在课程教学、班队建设、文化浸染三个方面，即通过稳步推进课程教学质量提升、精心培育班队精神家园建设、着力涵养学校文化浸染力量，进而全面提升办学品质。

第一层面：稳步推进课程教学质量提升

课程教学是学校办学行为的主要部分，是学校教育品质的集中体现。该校认为，规范且有效的办学行为是品牌学校建设的运行机制，是品牌学校的主要支撑。松山湖中心小学集团在学科基础、学科拓展和主题活动三类课程教学上，以“全人课程”教学要求和策略，指导西溪学校课程教学，主要措施如下。

（1）学科基础课程——抓规范，抓落实。

学科基础课程是学生最主要的学习内容，针对西溪学校课程组管理较为散漫、教研活动重形式轻实效、学生欠缺良好的学习习惯等现状调查，集团以“全人课程”实施要求规范西溪学校学科基础课程常规教学，重点抓规范抓落实：建立师生候课制度，规范作业书写、批改，倡导“小教研”，强调“一课一得”，推行“我是声控王”，提升教师教学技能，强化课程组意识，统一教学进度等。

松山湖中心小学集团以狠抓课程教学常规作为提升课程教学品质的突破口，结合对“全人课程”教学策略的深入学习，逐步研讨出西溪学校的“一二四六”教学模式，即“一个核心”——为培养学生的深度学习能力而教；“两大模块”——自主学习展示与合作探究展示；“四个步骤”——自主学习、合作探究、释疑点拨、达标测评；“六个环节”——情境导入、自学展示、合作探究、拓展提升、达标测评、师生反馈。“一二四六”教学模式凸显了以学生为主体的自主学习与合作探究教学，松山湖中心小学集团正在把“全人课程”理念转化为全体教师的教学行为，力求让学生动起来，课堂活起来，效益好起来。

集团西溪学校在课程教学常规逐渐好转基础上，对学校未来的课程改革又提出新的设想。学校明确提出走“课例—课型—课理”的品牌课程建设之路。在当今知识以指数级增长的时代，该校认为“会学”远比“学会”更重要。集团通过对“深度学习”理论的深入研究，推出课程教学三要素。要素一，学科深度——落实学科核心素养，提升课程教学的效度；要素二，交往深度——培育学习共同体，提升课程教学的温度；要素三，思维深度——发展高阶思维，提升课程教学的广度。该校准备在品牌学校建设的后续工作中，在学生的认知、人际和个人三个维度加大研究和教学的力度，让学习能够真正发生。

通过集团办学一系列的措施推进，学科基础课程教学面貌得到显著改善，学生优良的学习习惯正在形成，学生的综合素养也在稳步提升。同时，以“品牌教师”建设为抓手的课程组教师团队建设也在逐渐成形并开始彰显作用。

（2）学科拓展课程——抓联动，抓突破。

学科拓展课程是学科基础课程的有效补充，是基于学校实际情况，发展学生个性和能力的校本课程。松山湖中心小学集团学科拓展课程主要内容为“四个一”校本课程。课程培养目标是：让每一个孩子都能够写一手好字，能熟记经典诗词歌赋，涵养文化气质，有契合学生个性发展的兴趣爱好，有陪伴学生终身的一门艺术特长和两项体育锻炼技能。

集团以“全人课程”之学科拓展课程教学策略指导西溪学校学科拓展课程建设，该校提出：与基础课程联动，抓项目突破；与教师素养联动，抓技能提升；与家庭教育联动，抓课程共建；与日常生活联动，抓课程管理。

通过一个多学期的“四个一”学科拓展课程教学，集团西溪学校不仅教师的教学水平和专业技能水平提高很快，学生的综合素养水平也获得了极大的提升，写好硬笔字、诵读经典诗词、吹奏葫芦丝、画好科幻画、学会游泳、随时随地跳上几段花样跳绳——课程的培养目标正在逐渐显现。

（3）主题活动课程——抓生活，抓习惯。

参考“全人课程”之主题活动课程实施模式，松山湖中心小学集团确立以生活逻辑为导向，从生活开始，从习惯养成抓起，开展西溪学校“道德与法治”课程校本化实施。学生生活学习习惯和精神面貌得到很大改善。

第二层面：进行班队建设

班级是师生成长的精神家园，是师生精神寄托的载体。班队建设主旨是文化建设，文化的形成在于“涵养”，即涵养学生雅正行为，培养学生良好的生活习惯、学习习惯，指向全人课程培养目标。

班队建设主要措施：

（1）班级文化抓示范引领，中队建设抓主题活动。

集团西溪学校通过组织多批次教师到松山湖中心小学实地参观学习，结合西溪学校实际情况，确立西溪学校班队建设策略。在班级文化建设上，重点抓示范引领。通过实验班的形式，做出班级文化建设“样板房”，形成可复制、好操作的经验模式，并通过“传、帮、带”的形式逐步推广。

在中队建设上，重点抓主题活动。集团西溪学校改变以往政治说教形式，以课程建设的要求和力度开展中队活动。提倡结合生活实际，开展贴近儿童、贴近生活的主题活动。遵循学生生理年龄特点，以级部形式按照学期拟定的各项主题，统一课程目标和要求，统一课件制作和活动流程，统一主题活动评价指标，形成合力，凸显成效。

（2）建立“品牌班级”评价指标体系，创新品牌班级评价形式。

集团西溪学校改变以往“流动红旗”班级评价形式，通过规划论证和研讨，建立西溪学校“品牌班级”评价指标体系。“品牌班级”指标体系分为 5 个一级指标，13 个二级指标，33 项评价内容，基本涵盖了学生和班级的所有表现和内容。该评价指标体系于 2018 年 10 月开始试行。

现在，集团西溪学校每个班级都有自己的个性化命名，有班徽、班级公约、班级个性化小组等，有美观亮丽的班级宣传栏，有温馨的读书角，有童颜烂漫的一张张笑脸，有温暖和谐、积极向上的班级风貌。

第三层面：着力涵养学校文化浸染力量

学校文化是品牌学校充足的底气，追求卓越的学校文化是品牌学校形成的引领机制，是区别于其他学校的根本之处。集团以松山湖中心小学办学思想和全人课程理念为指引，以“全人课程在西溪”的建设为重心，培育学校教师文化、学生文化和管理文化，关注文化建设背后所蕴含的教育意义和教育价值，涵养软实力，打造精品文化，快速推进西溪学校文化品牌的形成。

（1）调整教师学科结构，推进场室功能布局建设。

①松山湖中心小学集团通过“种子教师 + 交流教师 + 新聘教师”的学科师资规划，调整原有教师学科结构不合理的局面，改变了小学科由众多数学老师兼任的状况。

②对课室功能布局重新进行了规划调整，以课程开展为调整目的，以“一室多用”为调整原则，因地制宜，因陋就简，将不常用的功能室取缔、改造或重新定位。

至 2018 年 9 月，集团西溪学校基本完成了学科教师专业化、学科教学场地专业化的办学要求。

（2）推动全人课程“扁平化网络”管理。

合理的管理制度，是品牌学校的保障机制。松山湖中心小学认为，学校制度不是为了方便管理，而是指向师生的共同发展，对师生的成长具有重要的教育意义和价值。该校以“全人课程”建设思想指导学校管理工作，强化内涵管理，减弱事务性管理，推行扁平化网络管理模式。

从内容层面上而言，始终坚持并贯彻“全人课程”建设是学校工作的中心，学校一切事务均围绕课程建设来开展，管理重心向课程建设、向课堂教学倾斜。在事务性管理上，该校提出以“整合联动”的管理思想优化事务管理，尽可能地让事务性管理与课程建设发生联结、联动，让事务性管理为学校课程建设服务。

从角色层面上而言，即学校重大事务，比如制度的制定与修订等，是由学校召开教代会讨论通过；学校日常事务，是通过定期召开行政会或不定期召开校级干部会进行讨论决定的；而具体事务，如年度考核、评优评先、物品采购、参赛选拔等，是由工作小组执行，每件具体事务都有各自的工作小组，成员以教师代表占绝大多数。

从执行层面上而言，学校分工时打破了常见的校长管副校长、副校长管各处室主任的“塔式管理”模式，将学校工作以课程模块的形式进行分块管理，课程分管的块与块之间不重叠，每个人分得一块“地盘”，谁的地盘谁做主，职权到人，职责也到人。

推行扁平化网络管理，意图之一，在于让每一个人都有施展才华的机会，避免学校出现某个人或某几个人是台柱子而其他人都是配角的现象；意图之二，在于学校的运行和发展，不会因为某一两个人的懈怠或离去而受影响。这样，学校的命运不会操纵在某些人手中，从而实现全民共舞的状态，即使是校长离去，仍会正常运转。

集团西溪学校实施扁平化网络管理，不仅在简化人际关系，促进学校公平，确保教育教学秩序上起到保障作用。更加重要的是，提高了效率和效能，释放了教师的内驱力和领导力，让大多数教师都能成为各项课程建设的组织者和执行者，改变了以往校级领导和行政干部只当传声筒和通信员的简单做法，学校管理和建设不再是校长一个人说了就算的局面，只要教师有想法，有能耐，有专长，都可以参与学校的建设与管理。扁平化网络管理带来的，是老师们对学校工作的高度认可、积极参与。教师的主人翁精神被调动起来，每个人都有事做，每件事都有人做，学校的方方面面工作都成了教师个人的事业。

（3）以课程建设统领规划校园文化建设。

①建设、规范学校文化标识系统。

学校文化标识系统是学校文化的重要组成部分，是学校育人的重要载体，体现了学校办学的思想和追求，同时在校园环境中有着非常重要的作用。出色的标识系统是学校师生的价值观念、审美情趣、思维方式的集中外显。

2018 年 3 月，集团西溪学校组建校园文化工作组，以学校办学理念为导向，对西溪学校校园文化进行了整体规划，提出结合西溪学校性质特点和原有环境文化，采取部分保留、部分改造、部分更新的方式进行建设。2018 年 4 月至今，完成了西溪学校文化标识系统的主体设计工作，并在学校文化建设中进行规范使用。

②以校训布局“六主题”校园文化；以“融入课程”整合校园文化建设。

学校校训是广大师生共同遵守的基本行为准则与道德规范，它既是学校办学理念、治校精神的反映，也是校园文化建设的重要内容，是学校教风、学风、校风的集中表现。集团西溪学校以办学思想和课程建设统领校园文化规划，以“养德、立美、尚文、健体、启智、求是”校训布局校园“六主题”文化，以“融入课程”整合学校校园文化建设。立足自身特点，以校训布局学校校园文化，既规范有序，彰显文化空间育人效果，又能体现学校自身特色。

以“融入课程”整合学校校园文化建设。该校将校园文化定义为学校的隐性课程，将课程建设的理念，有意识地“融入课程”，整合校园文化建设。例如，该校在建设“养德”主题文化时，把社会主义核心价值观与学校主题活动课程融入一起，使得社会主义核心价值观不再是孤立的文字外显，而是与孩子们日常学习的课程结合在一起，更能凸显其育人的价值。

③打造“书香校园”精品文化。

营造“书香校园”是每一所学校都应该致力的发展目标，营造“学习型书香校园”就是寮步镇打造的特色品牌项目。集团西溪学校针对学生阅读量不足、阅读空间不足等现实情况，在着力建设班级“图书角”、廊道“图书吧”的同时，还在一楼重点规划建设“悦读空间”文化项目，规划布局“读史室、读图厅、读字角、读文堂、读人屋”五大板块，并将其与学校的学科基础课程、学科拓展课程和主题活动课程紧密联系起来。同时，尽可能多地布局一些书柜书架和阅读台凳。该校把图书从封闭的图书室里搬到室外，再通过多方渠道把“悦读空间”的书柜书架摆满图书，孩子们可以随时随地阅读自己喜爱的书目。现在，孩子们在“悦读空间”里欣赏图文，埋首读书，已经成为该校一道亮丽的风景，“让阅读成为习惯”正在成为可能。

④推行校园文化自主（课程组＋班队）管理模式。

学校校园文化不是一成不变的景观和图文，而应该是连续深入、不断更新且自主管理的发展轨迹。集团西溪学校成立校园文化工作组，推行校园文化自主管理模式，以“课程组＋班队”的形式进行建设和管理。在该校的校园文化栏目里都有“更换周期”和“管理部门”。例如展示课程组研究成效的“课程组建设”橱窗，由教导处负责管理，更换周期两个月，由各课程组按照学期计划安排，依次布置更换。校园文化更换周期长短结合，管理部门落到课程组和班级。集团西溪学校的校园文化建设与学校开展的课程教学融为一体，与学校的每个人息息相关。校园文化建设不再只是“领导的事”，“与我无关”，校园文化里既有学校的“大事”，也有每个教师的“小事”。“文化即我，我即文化”的全人共建共管共享的校园文化氛围正在形成。

松山湖中心小学托管寮步西溪学校集团化办学以来，构建以“全人课程植入”为中心的集团化办学创新模式，逐渐生发出强大的影响力和生命能量，带动西溪学校从农村薄弱学校向现代化优质学校转变，快速实现了优质学校重组，有效地促进了优质教育均衡发展。集团西溪学校如今正奔跑在品牌学校创建的道路上，松山湖中心小学集团化办学的美好愿景已经触手可及。

（本案例由松山湖中心小学教育集团提供）

第四章

人才协同培养推动跨行政区域教育协同发展实践

第一节　松山湖功能区教师协同发展实践

教师成长是教育质量提升的重要环节，要突破跨行政区域培训资源和教研力量的差异，需要转变区域间被动的教师交流思维。本节主要介绍松山湖功能区基于区域教师专业化成长的“需求值和期待值”，创新培训、教研一体化的理念，打造教师交流新模式的实践经验，希望为大家提供一些教师协同发展的实践思路。

一、松山湖教师队伍管理经验

松山湖每年有1—2所新建扩建学校，为了适应松山湖教育的快速发展，在总编制控制的情况下，为确保教师队伍稳定和高质，松山湖致力于探索与教育发展现状相适应的具有松山湖特色的教师队伍建设创新之路。

（一）率先探索教师特聘制度

为适应学校快速增长的现状，促进教育人才快速汇聚，近年来，松山湖不断完善教师队伍管理制度，逐年提高非编制教师待遇，先后出台了《松山湖非在编教职员管理办法》《薪资福利管理工作标准》等制度文件。2015年，松山湖所有非编制教师薪资水平与在编教师存在一定差距，不利于松山湖教育的高速发展。为此，2016年首创“特聘教师”做法，实现特聘教师与编制教师“同工同酬”。园区通过创设特聘教师制度、拓展教师发展平台、鼓励教师专业发展等途径，大幅提高教师待遇。2019年，松山湖再次提升特聘教师待遇，特聘教师绩效工资除了参照在编教师发放外，增加补充绩效工资，并在行政岗位晋升上享有同等待遇。

松山湖通过“特聘教师”制度，真正意义上实现了非在编教师与编制教师“同工同酬”，有效解决了松山湖教育快速发展过程中遇到的缺编问题，为园区高层次的教育人才汇聚提供了良好的制度保障。

（二）深化教师管理综合改革

目前，松山湖非在编教师数量庞大，是松山湖教育发展的中流砥柱。对于非在编教师的管理，松山湖积极深化教师管理综合改革，通过不断完善激励保障机制，落实新聘教师培训和跟岗学习期间待遇，提升优化临聘教师工资待遇；科学做好教师绩效考核，完善绩效工资水平核定机制；优化教师招聘，2019 年 10 月至今，赴全国知名师范高校开展了多场高校专场招聘会、进行了多场本地专场教师招聘会，吸引了大量优秀毕业生和优秀教师加入。通过一系列措施，逐步切实理顺体制机制，激发教师工作活力，为松山湖教育高速发展提供人才动力。

（三）重视教师人才培养培育

在人才培育上，松山湖将教师队伍建设作为教育投入重点予以优先保障，从突出教师主题，强化经费保障，提升教师专业素养能力等方面畅通教师职业发展通道，打造多元人才发展平台，构建高效人才成长体系，厚植人才发展土壤。

一是鼓励教师专业发展。园区从 2017 年启动园区名师建设工程，开展名师评选，搭建教科研平台，实现教师快速专业成长。

二是强化名师培育。以专业培养、名师引领等方式带动教师专业发展；深入推进“三名”工程建设，建立省、市和园区三级人才梯队。

三是强化校长培育。松山湖探索了管理人才成长的路径，从中层领导——副校长——校长——教育家型校长，分为四个管理人才发展阶段，构建教育管理人才培养梯队。

四是建立“1+1+2”未来教师专业成长体系，通过“启航计划”“引航计划”“教师专业成长 + 管理人才成长”双轨道人才培养体系，以专业能力与跨专业通用能力为重点培养目标，实现骨干教师建设从小学到高中、从学科教师到教育管理者，从核心学科到小学科全覆盖。

（四）实施功能区优质师资交流

自 2017 年起，松山湖牵头已进行了多年松山湖功能区教育统筹发展的探索。松山湖以共建共享为引领，打造人才培养新模式。一是以集团化为抓手，师资输入输出促提升。以教育集团为主体，各教育集团积极推动集团内教师的交流合作，促进教育教学经验和优质课程的互享，既有输出，也有输入。二是以研训一体为重点，区域教师交流促学习。在市教育局指导与支持下，园区牵头成立了东莞市教育局教研室松山湖功能区分室，定期组织召开联席会议，协商确定学年重点项目，实现功能区内教研和培训统筹安排，解决各镇研训力量不均衡等问题。三是积极发挥名师帮带扶作用，按照市关于“三名”工程工作要求，目前，松山湖功能区内各园镇基本出台了园镇级名师发展工程，名师在功能区的教研工作中发挥了极大的指导作用。

二、教师协同发展启示

为促进区域间教师交流发展，可以建立外联共研型教育共同体，深入推进一体化教研训。外联共研型教育共同体是指功能区、各镇街和科学城的学校协议组建的跨区域教育联盟，针对不同学校教师发展需求，组建同学科、跨学科、校际和区域教研共同体，形成教师“教研训一体化”发展协同教研机制。建立学科核心备课小组、开展片区联动教研和培训、联合开展学术论坛和教学比赛等，以项目化推进的方式，在教师交流培养、教学研讨、集体备课、校本教研等方面实现借力发展，提升区域教育教研水平。

外联共研型教育共同体各成员校法人独立、财务独立，通过政府购买服务、签订协议、项目合作等方式，明确各方的权利和义务。各成员校实行“研训一体、人才共培、教学共研、平台共建”的协作管理模式，在教学研究、师资培养等方面实现共生发展。

（一）构建教师发展共同体，推进研训一体化

外联共研型教育共同体将融合教研、科研、培训、教学部门职能，联合各成员校梳理教学实践中存在的实际问题，确定教研课题，并将课题研究成果转化为教师培训的主题，实现教研、科研、培训、教学有机融合。充分发挥核心校和名师的作用，通过师徒结对、以强带弱等方式，实现资源共享，优势互补，相互协调，共同促进教师专业发展。

1. 人才共培

充分利用功能区、各镇街、科学城的教育资源和各校优秀师资，建立新教师跟岗实习基地和跟岗实习制度，对新教师实行“双导师带教”“多导师带教”。以名师工作室为基地，以“一师、一室、一团队”为途径，依托名师资源，对骨干教师、学科带头人实行“名师带教”“团队共长”。以教育共同体核心校为基地，建立中层干部挂职锻炼制度，对中层干部实行“名校联合培养”。

2. 教学共研

以项目合作方式，联合各成员校教师参与教科研，建立园镇大教研、片区联动教研的“1+X”分层分类教研训模式，建立片区、园镇教研机制。园镇大教研围绕“品质课堂”的研修主题，聚焦校长（园长）、教研员的学术领导力以及教师的阶梯成长，组织课堂教学展示活动，开展理论成果交流研讨。片区联动教研指以内生融合型教育共同体为基础，按照就近原则，吸纳同区镇学校，组成“片区”，围绕教育教学改革、课程建设和学科教学中面临的实际问题，开展一体化教研训活动，开展联合教研训活动。

3. 平台共建

整合集团教学课件、教师干部、特色课程、研究课题等资源，建立教育共同体共享资源库，依托松湖教育云平台，拓展教育信息平台功能，搭建教育资源共享平台、教学成果展示平台等。

教育资源共享平台：建立教学资源平台，成员校及学科名师定期将各学科优质微课、备课手册、示范教学视频等教学资料和关键知识上传到平台，不断完善教学关键知识库，方便教育共同体各校区教师下载使用。建立教师共享平台，汇集集团内所有教师的专业特长、兴趣爱好、个人规划等个人信息。建立教育共同体共享教师资源库，方便各项目小组的组建和协作交流。建立教育共同体课题共享平台，集合各校区的校级课题和区镇课题，梳理课题的要求和计划。建立教育共同体课题资源库，方便各成员校每位教师的申报。

教育教学交流平台：充分考虑教育共同体各成员校的科研资源、教研特色，建立成员校教研平台，开发各成员校领衔学科，努力做到每所学校都有

“领衔学科”和“教研基地”。

教学成果展示平台：搭建各种教育教学的展示平台，创办教育共同体教学节、课程展示周、优秀教师集团巡讲等教学展示活动。开展“松湖学术论坛”等形式的教科研主题年会，集中展示全年的教科研成果，推动优质教学成果的推广。

（二）孵化一个社群，师资队伍可持续发展

1. 推进新时代师德师风建设，健全师德建设机制

建设师德教育基地，创新师德教育方式，健全师德课程体系，开展校内外、线上线下教师思想政治教育。完善师德考核指标体系，建立师德档案管理制度，建立社会广泛参与的师德师风监督体系，健全教育、考核、监督与奖惩相结合的师德建设长效机制。

完善教师荣誉制度。发挥学校党组织的引领作用和党员教师的先锋模范作用，鼓励党员教师在教学研究、班级管理、服务学生等方面创先争优，树立榜样典型。探索建立教师师德荣誉等级制度，优化教师专业发展奖励办法，开展最美教师推选、优秀教师认定活动，大力宣传优秀教师先进事迹，充分发挥示范引领作用。

2. 提升教师教书育人能力

完善教师专业发展体系。实施每五年一周期教师全员培训，完善区校两级联动培训机制，建立教师分层分类培训课程体系，创新培训内容方式，搭建教师递进式成长平台，实施新教师“起航计划”、名优力量“引航计划”、中层领导“卓越计划”，打造松山湖未来教师专业成长共同体，构建教师专业成长和管理人才成长双螺旋人才培养体系。

健全教师发展支持体系。成立教科研一体化教师发展中心，建立研训人员和培训管理者队伍，健全教研员全员培训制度、三年一周期研修制度和满五年到校教学制度，开展功能区教师培训、教师发展研究及成果推广。加强校本研修，建设一批校本研修示范校，推动教师专业成长与学校整体发展相互融合、相互促进。鼓励支持基础教育民办学校教师学历和职称提升，推进公办与民办学校教师结对培养，提升民办学校教师队伍水平。

3. 创新教师队伍管理制度

创新教师补充机制。创新编制外教师聘用模式，建立以公开招聘为主，柔性引进为辅的“1+N”教育人才引进模式，探索“先行面试”“直接面试”等自主招聘考核方式，完善优秀青年教师工作用房保障制度。优化人才资源的配置，实施集团人才共享计划和跨区人才柔性交流计划。推动民办学校教师配备补短板，将生师比、高一级学历比率、职称比、教师资格持证率等纳入民办学校考评重点指标。

完善激励保障制度。建立集团化办学内部绩效考核一体化管理制度，提高编制外教师工资待遇，探索编制外教师年金制度和薪酬管理制度，建立以绩效贡献、专业发展和实践创新为导向的松山湖未来教师考核评价体系。探索分层分类的教师荣誉体系，健全教师奖励制度。深入推进校长职级制改革，完善校长业绩评价和社会参与的办学满意度评价制度。健全“教育家办学”政策导向和激励机制。探索实施中小学教师弹性上下班等机制，进一步减轻教师负担。

（三）共同成长，构建人才培养新体系

以教师和管理人才专业发展为突破点，建立教师专业成长和管理人才成长“双螺旋”培养体系。以新教师“启航计划”为区域重点工程，以名优力量“引航计划”为重要成长内驱，建立教师跨学校跨区域社群学习机制，以教师的共同成长带动教育的区域提质。

1. 建立“双螺旋”教育人才培养体系，提升教师专业素质

按照教坛新秀、教学能手（特色教师）、学科带头人、名师（班主任）四个发展阶段，依据不同阶段教师发展重点，聚焦职业理想、通识知识、专业能力、学术影响力等专业素养，以及规划力、沟通力、执行力等管理能力，建立教师专业成长和管理人才成长“双螺旋”培养体系，打造复合型专业化教育人才队伍。

2. 实施新教师“启航计划”，驱动新教师成长

聚焦新教师专业能力、执行力和研究力，以学科育人能力为主线，以教

育教学任务为驱动，组建由导师和学员组成的新教师成长共同体。通过专业阅读、专业表达、专业实践、专业反思、专业交往五大成长路径，采用线上录播课程自学，线下主题讲座、工作坊、小组研习、互动研讨、实战演练、成果汇报、微课题研究等方式，开展线上自主研习与线下集中研修的新教师专项培训。通过完成主题分享、公开课、课题研究、技能大赛等关键任务，提升专业素养和班级管理能力，驱动新教师成长。

3. 实施名优力量“引航计划”，促进骨干群发展

以教学成果推广为引领，针对学科名师、名校长工作室主持人和成员，通过课题研究、考察学习、学术交流、学术指导等方式，遵循实践、研究、推广的发展路径，整合区域内外专家资源，搭建教师学习和展示平台，深化功能区一体化教研，完善工作室经费保障制度，提升名优教师专业研究力、学术领导力。

探索名优教师的发展路径。从教学实践的问题中找到研究主题与价值，不断调整研究方向，以真问题引领“真”研究。在考察学习、场馆体验学习、中西方对比研究中拓宽教学者的视野与感知能力，增强对研究内容实践场景的理解力，以宽视野助力“广”运用。从文献研究、行动研究、实验研究等专业深度研究方式入手，在一线实践基础上有意识地提高专业研究能力，以广探索造就“深”活力。

创新成果推广办法和路径。围绕教学改革创新主题，搭建资源共享平台，将研究成果中的资源进行分类积累、筛选，上传平台分享，为教师专业成长共同体提供教学资源包与工具箱。鼓励开展全员课题研究，对研究成果进行学术整理与发表，引领共同体学术成长，提升学术领导力。建立成果转化机制，加强本地企业教育产品研发支持。

关于赴上海、苏州、山东等地学习考察的报告

坚持人才为先，努力培养造就一支师德高尚、业务精湛、结构合理、充满活力的高素质专业化创新型教师队伍，是松山湖教育战略布局。以高新技术为核心，全力打造粤港澳大湾区创新高地，教育必须成为松山湖的重要奋进之

笔，而教师则是立教之基、兴教之本、强教之源。为促进园区教师专业发展，构建一套适合区域教师培训培养发展的体系，研发团队赴上海、苏州、山东等地开展为期7天的学习考察活动。现将有关情况报告如下。

一、总体情况

本次学习考察期间，考察团先后到达上海、苏州、潍坊、荣成等地市的教育部门及学校，到访了7所学校。

1. 上海市闵行区教育学院，听取区级层面教师发展、教师培训、教师管理体系的构建，了解区校两级大数据信息平台支撑下教师队伍专业发展治理体系的运作模型以及闵行区教研员“品质教研”工作的实施路径。

2. 上海市华东师范大学附属紫竹小学，听取了在区教育研究院指导下公办学校的教师层级划分培养体系。

3. 上海市民办平和双语学校，听取了民办学校构建的校内教师专业发展素质模型。

4. 苏州市教师发展学院，听取了市级层面对于全市教师专业发展规划和教师培养培训体系的建设。

5. 潍坊市高新区教育学院，听取了高新区“研训评”一体化区域教研及推进“教学评”一致性落地的措施及经验。

6. 荣成市教育和体育局，听取了依托教师成长学院分层分类施训和按需点单式培训服务为教师专业发展精准赋能的做法和经验。

7. 荣成市蛎江小学，听取了一所年轻的公办小学从成立之初到问题凸显再到解决困境的管理之路，特别是为培养年轻教师搭建了丰富的平台。

此行，为园区教师培养培训和教师发展体系建构提供了新的思路。

二、主要成效

1. 找到了助力教师发展的有效工具：智能化大数据教师专业发展平台支撑系统。

以上海闵行区为例，教师总数超过1.5万人，每年新教师人数400人左右。人数众多给教师培训发展带来了极大的挑战，区域教师专业发展最突出的经验是构建教师专业发展的区校两极联动支持系统。系统建构不是一蹴而就的，从2010年到2021年经历了数字化、数据化、信息化、智能化四个阶段的晋级迭代的过程。支持系统架构分为教师研修网、教师管理系统、课堂教学云录播系统、学业质量分析系统、教师档案管理系统、个人空间等多个模块。通过数据平台为区域内每位在职教师建立个人档案，通过采集个人特征、专业特征、发展偏好、挖掘类标签四类信息，记录教师职业生涯的点点滴滴。为教师、学校、区域进行个体和群体画像、智能推荐和潜能预测，实现为教师、学校、区域发展提供数据依据。目前智能化阶段正处于探索构建时期，还未进行实践检验。他们的构思和做法与我们的目标不谋而合，为园区教师培训发展平台的构建提供了参考模型。

2. 学习构建适合本土教师发展的层级体系。

以上海市闵行区为例，为了更好地保证区内教师成长与发展的质量，将教师按教龄、教科研能力及所获荣誉，分为四级六列的发展进阶体系：

评选项目	参加对象
“新苗杯”见习之星评选	见习教师
“新秀杯”希望之星评选	教龄3—5年青年教师
“闵教杯”论坛之星评选	教龄6年以上，40岁以下中青年教师
骨干教师后备	中级职称以上，45周岁以下中青年教师
骨干教师	中级职称以上，58周岁以下教师
学科带头人	58岁以下高级教师

上海平和双语学校，为推动教师成长，打造学习型组织，构建了校内教师专业发展四级进阶体系：成长型教师——新秀、成熟型教师——能手 / 特色教师、高成就型教师——学带、领袖型教师——名师，每个层级中设置相应的专业荣誉。根据进阶体系创设培训研修学分制，以此为依据在校内进行职称体系定级管理与薪资待遇相挂钩。

3. 学习区校联动辅助教师培训和专业发展的操作办法。

区级与校级教研培训一体化。以上海闵行区教育局“1+3+1”模式，与区内学校进行研训联动为例。区教育局每两周举行一次有主题、有任务、有反馈、有评价的教研活动，以培训赋能教研，以教研支撑培训，让教研主题化、系列化、课程化。具体操作办法如下。

周一：区级教研员到校调研；周二、周三、周四：基层学校磨课，区级教研员提供支持校本教研服务；周五：区级教研员回到教育学院，进行交流。

区级教育局促进教师发展侧重对其教学及教研能力的培养。以山东省潍坊市高新区教育局教师培训工作为例。区教育局培训教师目的明确——帮助教师高效上好每一堂课。高新区教育局以当地对教育教学的需求为出发点，以评价为杠杆，制定各种详细的评价标准，营造浓厚的教研氛围，其采取六段联动式教研（读课、集体备课、说课、通备课组听课、磨课、赛课），为年轻教师提供“一年训、三年赛”的平台，以求实现师资能力提升的目的。高新区教育局提出：用科研的思维做教研，用科研的方法解决教研中的问题，基于证据的教学评一体化等理念，注重教研成果物化，为教师专业发展留痕。

4. 了解了影响教师专业发展因素涵盖的范畴。

上海市闵行区教育局通过搭建线上教师专业发展平台，设置教师个人档案，包含教师个人资料，教师奖惩情况，教学活动记录，教育活动记录，教育科研活动，绩效与评价及教师考绩档案。

5. 明确了依据教师专业发展范畴提供成长资源。

通过走访上海、苏州、山东等地的教育局、教师发展中心及学校，发现他们都有一个共同特点：为教师成长匹配了大量由顶级专家、省市教育名家、本土名师名校长授课资源库，与教师专业成长的各个范畴进行对接，提供精准优质的成长资源及课程培训，助力教师专业发展。

三、下一步工作计划

1. 构建区导师团队，实现区本化研训。

松山湖园区教育工作近年来发展迅速，无论是师资水平、生源质量还是学校以及园区教育管理中心的定位均有较高标准，特别是通过招聘引进了一大批教育名家名师以及国内外名牌大学的毕业生，师资梯队分布合理，师资力量雄厚强大，既有省市名教师，又有教学理念先进的年轻教师，他们的教科研能力非常高。因此，接下来为进一步创新教师培训工作、发挥区内优质教师资源、为专家型教师提供专业展示的平台、解决区内教师的学术需求、提升教师专业能力发展等，拟在园区范围内成立区级导师团队，为开展区本化教师培训提供师资力量和研发团队。

2. 设立课程资源库，实现对标式培训。

区内导师团队的建立除了为优秀教师搭建展示的平台之外，更重要的目的是实现园区内的区本化教研。而相比于规划好的课程，老师们更需要的是能够切实解决自己当前在工作中出现的问题，从而实现针对性比较强的对标式培训。因此，建立导师团队的同时，将同步设立课程资源库。课程资源库的来源主要有两方面：一是导师自报培训课题，二是调研区内教师的需求。二者结合，相信能够满足区内教师对于通识类、专业类培训的要求。

3. 建立教师层级发展体系，搭建职级晋升平台。

本次学习我们了解到，几乎所有的教育管理部门和公办、民办学校都建立了教师层级发展体系，通过不同层级的划分为教师匹配相应的课程培训，搭建专业发展的阶梯，这与我区的教师队伍建设理念一致。因此，在接下来的工作中，我们将以研究者的姿态，着手规划教师专业发展和管理队伍发展进阶体系路径，搭建专业荣誉人才培养驱动平台，构建培训课程资源服务平台。体系建构的 1.0 版：层级进阶体系 + 教师、管理人才培养体系。层级进阶体系，以教师在区内工作的年限作为级别认定的主要依据，充分尊重全体教师的教育贡献，体现区内良好的人文关怀氛围。同时，在每个层级中根据教师的教育科研成绩划分两个序列，既能够鼓励教师在教育科研方面的发展，又保障了教师队伍的稳定有序发展。配以驱动系统构建新秀、骨干、学带、名师、领军人才，以及中层、后备干部、副校长、校长、教育家双轨人才培养体系。

目前，正在进行 2.0 版本的迭代和完善。争取用 3—5 年的时间实现以下目标：全员纳入专业发展层级体系；科学精准辨识教师自身认知与发展；分析关键影响因素，预测教师专业发展趋势；推荐提供私人个性化发展资源课程菜单；内外多元驱动助力教育人才成长。

（以上调研报告由松山湖教育管理中心提供）

第二节　松山湖基础教育人才引进及培育体系构建

一、主要任务

（一）优化教育人才管理制度

1. 建立高层次人才引进机制

拓宽人才引进渠道，加大高层次人才引进力度，形成以公开招聘为主渠道，学术会议、区域返聘等多种形式并存的“1+N”高层次人才引进格局。探索多元人才引进方式，完善人才扶持办法，积极吸引全国范围内顶尖教育家、优秀教师。

2. 优化人才激励保障制度

继续深入特聘制教师薪资制度的改革，完善教师绩效工资总量核定分配制度和内部分配办法，探索特聘教师年金制度。建立荣誉与奖励相结合的表彰机制，组织开展优秀教师、教学成果奖、特级教师等评选表彰活动，建立松山湖区特级校长、特级教师荣誉称号授予制度。

（二）完善教育人才发展体系

1. 健全教育人才发展支持体系

成立教科研一体化教师发展中心，配齐教研人才和培训管理队伍，建设区内外教育人才发展基地，完善校本培训制度，开展校本培训示范基地评选活动，构建区校联动、层次分明、系统创新、互联互通的教师专业发展支持体系。

2. 健全分层分类递进式教育人才发展体系

探索园区人才发展路径，创新人才培训内容，聚焦教育人才发展核心素养，设置培训课程。创新教育人才培训形式，深入开展自主选学，集中培训与返岗研修相结合，线上与线下相结合，课程学习与课题研究相结合的混合式培训方式。引入第三方机构，建立教育人才发展评估体系。深入实施新教师“启航计划”、名优力量“引航计划”、中层领导“卓越计划”，加大名师、名校长、名班主任工作室的建设力度，充分发挥高层次人才的示范引领作用。

二、重点行动

（一）骨干人才引进和扶持

为提升人才吸引力，园区将通过明确人才引进对象、完善扶持办法等方式，进一步加大高层次人才引进力度。

1. 人才引进对象

根据松山湖人才结构现状和教育行业特点，重点引进以下六类教育人才。

（1）第一类人才（国家级杰出人才）。

符合以下条件之一者，属“第一类人才”：

全国名教育家、名校长、名校长工作室主持人。

国家级基础教育教学成果奖一等奖以上的主持人。

引进国家级杰出人才年龄一般不超过 50 岁。

（2）第二类人才（省级骨干人才）。

符合以下条件之一者，属“第二类人才”：

省级“特支计划”教学名师、国家级教学名师、国家级学科奥赛金牌教练。

省级名校长（园长）工作室主持人、名师（班主任）工作室主持人。

省级教学成果奖一等奖以上的主持人。

正高级教师、特级教师。

全国五一劳动奖章获得者，全国模范教师、优秀教师、优秀教育工作者。

引进省级领军人才年龄一般不超过 48 岁。

（3）第三类人才（市级骨干人才）。

符合以下条件之一者，属“第三类人才”：

省级“百千万人才工程”培养对象。

地市级名校长（园长）工作室主持人、名师（班主任）工作室主持人、学科带头人。

在优质课、教师基本功比赛、班主任技能大赛等现场比赛中获得地市级二等奖以上。

近5年内教育教科研成果获得地市级一等奖以上。

引进市级领军人才年龄一般不超过45岁。

（4）第四类人才（区级骨干人才）。

符合以下条件之一者，属“第五类人才”：

区级学科带头人。

在优质课、教师基本功比赛、班主任技能大赛等现场比赛中获得区级二等奖以上。

近5年内教育教科研成果获得市级二等奖以上。

引进区级骨干人才年龄一般不超过45岁。

（5）第五类人才（优秀毕业人才）。

符合以下条件之一者，属“第五类人才”：

双一流和教育部直属师范重点院校优秀应届全日制硕士及以上学历毕业生。

在省级及以上教育行政主管部门组织的师范类高校学生从业技能大赛获奖的应届全日制硕士及以上学历高技能毕业生。

重点院校担任过学生会干部的优秀毕业生。

引进优秀毕业人才年龄一般不超过35岁。

2.引进方式

对于用人单位急需、特需的人才，按照例外管理原则，开通引进人才绿色通道，实施“一事一议”“一人一策”引进方式，随时报备、随时引进。

对第一、二、三类人才，实施柔性引进和刚性引进两种方式。在不改变人事、档案、户籍、社保等关系的前提下，通过顾问指导、挂职、兼职、技术咨询、退休特聘等多种形式，灵活引进第一类、第二类、第三类人才。用人单位应向区教育局提出柔性引才需求，经核准后组织个人报名和遴选聘用工作。柔性引进的教育人才由区教育局、引进单位和人才通过签订服务协议协商确定工作职责和包干补贴，一般设定一年的试用期，试用合格的签订 5 年的合同期，期满续聘一般签订不低于 5 年的合同期。刚性引进的人才与教育局、引进单位签订聘用合同，服务期限不低于 10 年。

（二）人才培养及支持

1. 培养路径

以行政管理和专业发展为导向，建立教育人才发展双轨制。以专业能力与跨专业通用能力为重点培养目标，打造一支有高尚师德、有专业素养、有创新能力、有时代精神的“新四有”松湖智慧教师队伍。以领导力和专业研究能力为重点培养目标，努力造就一支品德高尚、业务精湛、治校有方的松湖教育管理队伍。

探索松山湖区域教师的成长路径：对新晋教师——经验型教师——骨干型教师——专家型教师——智慧型教师六阶段进行分类分层培养，为每一位松山湖教师提供职业规划的参考与成长的支撑。（见图 4–1）

图 4–1　松山湖教师成长路径及培养重点

探索松山湖区域管理人才成长的路径，从中层领导——副校长——校长——教育家型校长四个管理人才发展阶段，构建教育管理人才培养梯队，为

每一位管理人才提供专业成长支撑。（见图 4–2）

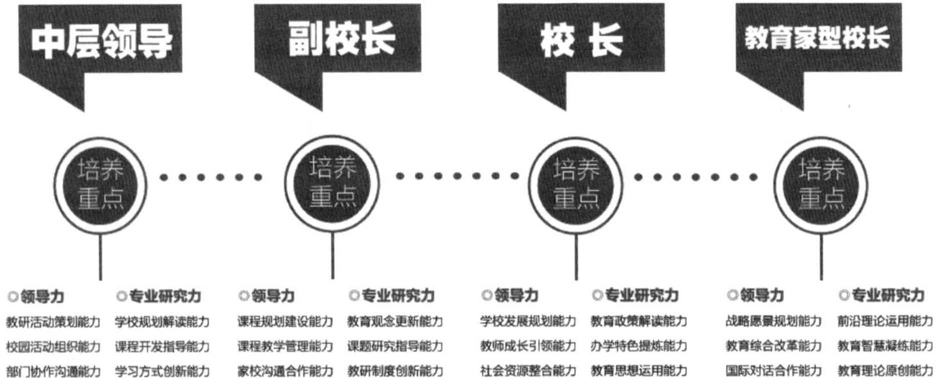

图 4–2　松山湖教育管理人才成长路径及培养重点

2. 课程体系

基于人才成长路径与培养重点，以专业能力为核心，以实践运用为导向，建构松山湖区域区本人才培训课程内容，并在实践中不断优化与提升。从专业能力、跨专业通用能力两大领域建构教师持续专业发展体系，专业能力指向教师基本教学能力，包括课堂组织、信息技术、教材研究、教学策略四个方面；跨专业通用能力指向多学科、科际整合、超学科的统整教学，更关注教师终身发展的跨专业学习与修养，包括知识与技能、沟通协作、师德修养三个重点方面。（见表 4–1）

表 4–1　松山湖教师专业发展课程体系

领域	分项	具体内容
专业能力	课堂组织	◎班级经营与管理 ◎深度教学的活动设计 ◎生本课堂的组织 ◎课堂中的过程性评价 ……
	信息技术	◎多种数字工具运用 ◎互联网技术如何支撑教学 ◎教学资源的获取、评估与创造 ◎智能实验设备的教学融合 ……

续表

领域	分项	具体内容
专业能力	教材研究	◎基于单元的教材解读 ◎特色课程设计 ◎自编教材与教具设计 ……
	教学策略	◎多元评量技能 ◎教学策略、技巧知识与运用 ……
跨专业通用能力	知识与技能	◎跨学科知识积累 ◎审美力与创造力 ◎阅读素养 ◎学习方式创新能力 ……
	沟通协作	◎学生互信关系 ◎家庭与学校协作 ◎校内协作关系 ◎与社区、企业、场馆等社会力量协作 ……
	师德修养	◎师德与师风 ◎职业认同与生涯规划 ◎教师魅力与个人修养 ……

松山湖将从领导力和专业研究力两大重点培养方向建构教育管理人才发展体系。领导力指教育管理人才作为学校组织策划、执行管理和改革发展的领导所必需的办学治校的能力，既涉及教育科学理论修养、政策水平、法治意识、管理艺术和领导实践经验，也包括在学校事业发展中不断改革和持续创新的自觉行动，主要包括战略规划力、沟通力、执行力三个方面；专业研究力指向教育管理人才作为学术引领的负责人所必需的能力，包括理解力、表达力、创新力三个方面。（见表 4–2）

表 4-2　松山湖管理人才培养课程体系

培养目标		培训课程
领导力	战略规划力	◎品牌运营 ◎学校文化传承、建设与创新 ◎团队激活 ◎战略规划与分解 ……
	执行力	◎政策解读与传达 ◎项目管理与运营 ◎组织优化与建设 ◎评价及管理 ……
领导力	沟通力	◎跨部门沟通与合作 ◎冲突协调技巧 ◎对外交流及合作礼仪 ……
专业研究力	理解力	◎政策与文件解读 ◎承接使命与愿景 ……
	表达力	◎新媒体运营与公共表达 ◎公共演讲提升 ◎视觉表达力训练课 ……
	创新力	◎课题研究 ◎打造空间育人价值 ◎互联网 + 伙伴式卓越教师团队建设 ◎以学术研究促进家庭实验共同体的形成 ……

3. 培养计划

围绕松山湖教育人才核心素养，打造人才成长共同体，实施新教师“启航计划”、名优力量“引航计划”、中层领导“卓越计划”，率先打造这三支队伍，为松山湖教育高质量发展提供人才保障。

（1）新教师“启航计划”。

“启航计划”是针对新入职教师以及具有一年以内教学经验的新教师队伍，通过线上自主研习与线下集中研修相结合，进行专业素养能力提升的专项培训。围绕教师专业素养、通识素养、职业素养，以学科育人能力为主线，以五大关键任务为驱动，通过专业阅读、专业表达、专业实践、专业反思、专业交往五大成长路径，采用线上录播课程自学、线下主题讲座、工作坊、小组研习、互动研讨、实战演练、成果汇报、微课题研究的培养方式，驱动新教师成长。（见表 4-3）

表 4-3 新教师“启航计划”

核心培养能力	关键任务	成长路径
专业素养： 读懂孩子、设计课程 高质量提问、科技素养 个性化心理辅导、学科评价素养	上一次水平较高的公开课； 在地市级以上刊物发表一篇以上教研论文； 带动一个学科组； 在本校以外做一场专题讲座； 参加一项以上教育科研课题研究和实验	专业阅读 专业表达 专业实践 专业反思 专业交往
通识素养： 学习力、反思力、表达力、审美力、设计能力、好奇心、整合资源、合作与沟通		
职业素养： 职业幸福感、职业形象、职业道德与心理素质、职业规划、情绪管理		

新教师培养包括线上自主研修、线下集中研修、微课题研究三个阶段，培养周期为一年。

线上自主研习课程包含新教师核心通识能力录播课 20 节和分学科核心素养录播课。其中分学科核心素养录播课涵盖小学语文、小学数学、小学英语、中学语文、中学数学、中学英语、音乐、美术、体育、科学、思想政治 / 道德与法治、信息技术、心理健康，总计 60 节。教师在网络平台自主选课，完成通识课程和对应学科的录播课程的学习，并提交一篇学习报告。

线下集中研修方式以讲座、工作坊、小组研习、互动研讨、实战演练、成果汇报等为主，内容包括教育理解、师德修养、师生关系、自我成长等通识性主题，以及专业基础技能、高效执教策略、教育视野、课程建构、教育科研等学科主题。

微课题研究周期为一年，所有学员按课题申报的属性分成6个微课题共同体，各邀请一位专家担任共同体的导师。导师将提供开题、研究方法、课题管理、论文撰写等指导，学员需完成课题研究的成果性报告。

（2）名优力量“引航计划”。

“引航计划”是针对名师（名班主任）、名校长工作室主持人、学科带头人、骨干教师，通过课题研究、考察学习、学术交流、学术指导等方式，遵循实践——研究——推广的发展路径，进行专业研究力、领导力提升的人才培养工程。（见表4–4）

表4–4　名优力量“引航计划”

关键群体	建议发展路径	扶持办法	预期成果
名师及名校长工作室	1. 问题引领“真”研究：从教学实践的问题中找到研究主题与价值，不断调整与优化方向； 2. 视野助力“广”运用：从考察学习、场馆体验学习、中西方对比研究中拓宽教学者本身的视野与感知能力，增强对研究内容实践场景的理解力； 3. 探索造就“深”活力：从文献学习、行动研究、实验研究等专业的深度研究方式入手，在一线实践基础上有意识地提高专业研究能力	经费支持； 时间支持； 合作资源引进； 平台与激励制度支持等。	1. 会议影响：松湖学习岛系列论坛；全国性学术年会； 2. 资源分享：将研究成果中的资源进行分类积累、筛选与平台分享，为松湖教师专业成长共同体提供成长资源包与工具箱； 3. 学术突破：对研究成果进行学术整理与发表，引领共同体学术氛围与水平； 4. 本地企业教育产品研发支持

培养主阶段分为集中脱产研修、岗位实践行动、异地考察交流、示范引领帮扶、课题合作研究五个阶段，一个周期为3年。培养内容主要聚焦教育新理念、新视野、学科历史与前沿、学科素养及个性化能力与特征养成，以及教育实验、科研方法训练等。每年工作室组织成员进行不少于8周的集中授课、讲座、研修、交流研讨、巡教示范等活动，其中每年须安排1周在国内教育先进地区进行访学研修，安排不少于1周到省内开展巡教示范活动。

同时，工作室成员必须承担示范课、观摩课、研究课等公开教学任务，参加基础教育课程改革，参与课题研究，承担培养青年教师任务，组织学术论坛，开展专题讲座。其中，骨干教师每年至少上 1 次研究课、承担或参与 1 项校级以上研究课题；至少有 1 篇教学论文在区级以上教学论文评比中获奖或发表。学科带头人、名师、名校长每学年开展专题讲座或示范观摩课不少于 2 次，每年在市级以上教育主管部门刊物发表 1 篇以上有较高水平的研究论文，必须承担市级以上研究课题 1 项，并指导 1—2 名青年教师。

为有效发挥名师、名校长工作室的引领作用，推动人才的孵化和培养，在三年建设期内，给予每个工作室活动经费补助，用于教学研究、学术交流、课题研究等。

（3）中层领导“卓越计划”。

“卓越计划”是针对学校不同岗位上的中层领导，基于学校发展需要解决的实际问题，采取专家引领课程和线上线下混合式学习的方式，遵循实践——研究——思考——行动的发展路径，提升中层干部管理素养能力的专项培训。（见表 4–5）

表 4–5　中层领导“卓越计划”

<table>
<tr><th>核心能力</th><th>发展路径</th><th>关键任务</th></tr>
<tr><td>领导力：
教学活动策划
校园活动组织
部门协作沟通</td><td rowspan="2">专业实践：主题交流研讨、跟岗培训实践；
学习研修：自主阅读、反思总结；
项目研究：结合自身所在学校的实际问题，开展项目课题实践研究</td><td rowspan="2">完成一份教育考察报告；
参加一项教育管理课题研究；
组织一次大型会议或活动；
完成一份学校发展的调研报告</td></tr>
<tr><td>专业研究力：
学校规划解读
课程开发指导
学习方式创新</td></tr>
</table>

中层领导培养包括线上研修、线下研训、微课题研究三个阶段，培养周期为一年。

线上研修课程包含通识能力和领导力课程两个部分。其中通识能力课程包括视野、定位、常识、思维、愿景、结构、学习、关系、表达、情绪十大主题，领导力课程则涵盖制度领导力、人际领导力、教育领导力、未来领导力、文化领导力五大领域。学员在网络平台开展集中研修和自主研习，完成通识能力课程和领导力课程的学习，并提交一篇学习报告。

线下研训主要围绕“重新发现组织；从制度到机制；从适应变革到引领变革；领导自我·管理上司·领导团队；变与不变中的学校基本实务；中层领导者的思维支柱；教育前沿视野；公共表达能力”八大核心维度，通过专题讲座、工作坊体验、小组研习、阅读沙龙等形式，帮助学员建立宏观视角，以全面、发展的眼光理解教育，理解学校，理解中层干部职业本身，突破刻板管理观念，从思维上破局，树立现代学校治理理念下的新中层认知形态，强化中层干部在特定专业管理领域应该具备的专业领导力。

“微课题”研究周期为一年，导师根据学员岗位情况设计对应课题任务，提供开题、研究方法、课题管理、论文撰写等指导，学员需完成课题研究的成果性报告。

3. 人才考核与激励

为充分调动教育人才的积极性、主动性和创造性，需要建立符合教师职业特点的收入分配机制，发挥绩效工资的杠杆作用。因此，基于原有的薪酬制度，细化绩效工资的考核指标，明确不同岗位的工作量，明确奖金分配方式，从而激发教师的内在驱动力，提升教师幸福感，让引进来的人才愿意留下来。

（1）绩效工资制度。

根据教育人才履职情况、教学工作量、出勤情况、承担额外工作任务、教育教学质量、教育教学科研成果六大绩效参照指标，设立工作量津贴、考核奖、岗位津贴、教学成果奖等绩效奖励方式。

工作量津贴：包括基本工作量津贴和超额工作量津贴，依据教育人才的工作量发放。教师工作量按授课学时计算，其他岗位工作量可参照教师工作量予以确定。学校可根据实际情况确定基本工作量、基本工作量津贴标准、超额工作量津贴标准。各单位工作量津贴标准，不分职务、职级应统一标准。工作量津贴按月发放，多劳多得。

岗位津贴：包括班主任津贴、中层及以上干部津贴、其他岗位津贴。学校可根据班主任实际工作情况按考核结果发放班主任期津贴。根据岗位情况设立教研组长、备课组长、工会组长等工作津贴。结合校长职级制改革精神，经组织任命或上级规定职数范围内的中层副职、中层正职、副校长可享受中层以上干部津贴。

考核奖：包括月度考核奖和学年度考核奖。学校可根据出勤情况、学期考核、学年考核的工作业绩等制定考核奖励办法，发放考核奖。学年度考核为优秀的，可晋升一个薪资级档。

（2）人才考核制度。

为保证绩效奖励的科学合理公平，需要完善教育人才岗位管理机制，落实工作量的权重，明确岗位职责，实施定工作岗位、定工作量、定工作职责的考核制度，加强对教育人才的考核和日常管理。

定工作岗位：各中小学依据本校教职工编制数、课程方案周总课时数和工作岗位结构比例，测算确定本校的工作岗位总量，明确每一个具体工作岗位的名称。

定工作量：制定各类学校教师课时量标准，明确岗位基本工作量。教师岗位兼职管理（含教辅等）工作的，课时量不得低于教师岗位课时量标准的三分之二。走教、任教多学科教师课时量应予以适当照顾。其他岗位基本工作量参照教师基本工作量予以确定。

定工作职责：各学校要根据设定的工作岗位，确定每一个工作岗位的岗位属性、职责范围、目标任务等，作为教职工竞聘上岗以及对教职工绩效考核的重要依据。

第三节　松山湖功能区学生协同发展实践

创新人才培养模式，教师和学生是教育发展的重要主体。在学生协同发展的实践上，松山湖功能区建立协作共创型教育共同体，推进了学生活动统筹联动。本节主要介绍松山湖功能区学生协同发展实践经验，希望能为创新人才协同培养实践提供一些思路。

一、学生发展需求

（一）松山湖功能区校外教育存在的价值

校外教育作为校内教育的有益补充，是基础教育的重要组成部分。自“双减”政策实施以来，青少年活动中心作为校外教育的主阵地，不仅为学生提供了丰富多彩的素质课程，还为功能区青少年搭建了竞赛平台，在满足学生兴趣的同时，提升学生核心素养，助力学生乐学成长，已成为校外教育的领头雁。

（二）松山湖功能区校外教育现状及需求

近年来，松山湖作为国家级高新技术产业开发区，其周边镇街聚集了越来越多的高科技人才。服务好高科技人才家庭的子女，让高科技人才安心扎根松山湖，是教育系统全体教职员工的重要使命和不懈努力方向。

松山湖功能区（1+9 镇街）的公益性校外教育场所数量很多，但分别隶属各镇区教育、体育、文化等不同部门，普遍存在与学校教育脱轨，专业性公益性不突出，教师队伍不稳定，运行机制无保障等现象。各校外教育单位运行过程中独立发展，与学校教育无统筹、无联动，未能形成协同育人机制，与松山湖高新区的社会经济发展不相适应，不能满足市民对优质校外教育的需求，与“松山湖科学城”的发展定位还存在一定差距。

松山湖功能区目前有松山湖、寮步、石龙、桥头、茶山 5 所青少年活动中心（少年宫），各青少年活动中心办学规模、办学条件、经费保障、师资队伍参差不齐，有的少年宫实行承包经营。松山湖青少年活动中心自2018年划归教育系统管理，由东莞市青少年活动中心托管实施集团化办学以来，发挥对功能区其他镇的辐射带动作用，加强与功能区各中小学的联系，从课程规划、社团建设、学生活动三个维度与校内教育互补互惠、协同发展，推动了功能区教育高质量发展。

二、多维创生过程

（一）松山湖功能区校外教育发展定位

松山湖功能区围绕新时代教育事业发展的新要求，着力擦亮“学在松湖”的闪亮名牌、打造品质教育，朝着“学有优教”的目标迈进。在课程建设、教学管理等方面不断优化升级，打造品质课堂，争当东莞品质教育建设的“排头兵”。东莞市青少年活动中心松山湖分中心（下称松山湖分中心）作为功能区内重要的公益性校外教育机构，以机制创新、队伍成长、课程优化、规模扩大、内涵提升、品牌发展为目标，立志成为松山湖功能区内首屈一指的校外教育机构，成为功能区校外教育的领头雁，助力松山湖功能区校外教育高质量发展。

（二）松山湖功能区校外教育发展过程

2018年，为贯彻落实习近平总书记在全国教育大会上的重要讲话精神，东莞市委市政府实施扩容提质重要部署，发布了《东莞市推进中小学校集团化办学实施方案》。在此背景下，松山湖高新区管委会与东莞市青少年活动中心签订协议，组建东莞市青少年活动中心教育集团。松山湖分中心作为东莞市首个校外教育集团核心成员校，依托教育集团优势资源，进行了全面优化升级。

1.整合优化课程，夯实基础培训

在松山湖科教局的指导下，松山湖分中心致力于打造品质课堂。一是与时俱进，推陈出新。根据功能区发展定位与社会需求，调整和优化基础培训课程，使课程建设朝着规范、专业、特色的方向发展。二是专家引领，形成品牌。邀请名师和省内专家对松山湖分中心的课程建设进行顶层设计，促进优质课程朝品牌化发展。如：音乐学科根据学校美育建设需要，增加民乐器乐类课程；舞蹈学科积极开发兼顾品质与特色的精品课程，开设街舞、语言表演、少儿瑜伽等课程；美术学科整合项目资源开设创意美术项目，让师资力量更集中，便于共同提升课程质量；科技学科专注于科技创新、科技模型、天文观测等项目，在珠三角少年宫名列前茅；体育学科不断优化充实课程项目，开设体适能、足球等热门课程；综合学科积极响应“双减”政策，对原有课程“去学科化”，开设亲子情商课、少儿厨艺工坊等特色课程。为园区广大青少年提供了更多更优质的课程选择，受到学员与家长的一致好评。

目前，松山湖分中心音乐、舞蹈、美术、科技、体育、综合等六大学科及“松湖”系列青少年社团都已建立相应的课程体系，教学内容渗透道德品质教育、文化素养教育、艺术审美教育、劳动教育、创新能力培养等，全面培育学生的综合素质。松湖科技模型社团和松湖少年篮球社团，已成为松山湖科体教育工作中闪亮的一环；松湖少年民族乐团和松湖青少年舞蹈团，成为教育集团美育工作的重要闪光点。

2. 加强队伍建设，提升师资水平

松山湖分中心以先进理念引领发展，以灵活机制激励成长，以科学制度保障运作，以各项实践磨合团队。通过活血、输血、造血，全面激发活力，锻造了一支团结协作、积极向上、勇挑重担的教职员工队伍。

（1）招贤纳新，充实队伍。

托管前，松山湖分中心师资力量薄弱，原有教职工 20 人，具有教师职称的仅有 10%（中级 1 名、初级 1 名）。托管后，市青少年活动中心向松山湖分中心委派干部，原教职工团队择优竞岗，逐步面向社会招聘优秀特聘教师、教辅人员，组成了总人数为 32 人、学科基本齐全、年龄结构合理的全职人员队伍。

（2）搭建平台，强化教研。

以“‘教’‘研’互促”“科教兴宫”的先进理念为引领，推动教师专业发展。一是制定教师专业发展机制，搭建科研平台。以“科教兴宫”理念为引领，以

“融合教研”为主抓手，建立教研共同体，共享优质资源，促进教师提升。二是多措并举，真研实干。通过专题培训、课题科研、跟岗学习、专家指导、主题团建、外出考察等多种形式，促进教师专业发展。2018 年至 2022 年，松山湖分中心派出 9 名教师到市中心跟岗交流，分中心教职工 9 次参与教育集团组织的校本培训活动、4 次主题团建活动。三是利用市活动中心的继续教育平台，开展继续教育工作。多措并举之下，松山湖分中心稳定高效的师资队伍已经成形，教科研数量和质量都出现了喜人变化。目前，松山湖分中心共有国家级立项课题 1 项，市级立项课题 13 项，立项课题数量在全市少年宫系统名列前茅。2018 年至 2022 年，组织教师参加广东省中小学校外教育协会论文评选，每年均有作品获一等奖，连续四年荣获优秀组织奖。参加首届“百花杯”广东省青少年社会教育优秀教师说课大赛，4 位教师获奖。2020 年松山湖分中心成立十周年之际，出版了专著《松湖星光——东莞市青少年活动中心松山湖分中心优秀教育教学成果集》（共三册），2022 年底出版了专著《松湖撷英》教育教学成果集。

3. 组建特色社团，助力学生成长

（1）全局统筹管理，组建特色学生社团。

毗邻松山湖科学城，有效利用有利环境，着力打造“松湖”系列青少年学生社团，朝着“高精尖”社团的目标不断迈进，培养全面发展的青少年儿童。

（2）社团重组，结构优化。

松山湖科教局在理念、资金、师资等层面大力支持松山湖校外教育学生社团建设。通过优化升级，组建成 11 个“松湖”系列优质学生社团，包括松湖少年民族乐团、松湖少年歌唱表演艺术团、松山湖童声合唱团、松湖青少年舞蹈团、松湖小主持艺术团、松湖科技模型社团、松湖科技创新社团、松湖少年篮球社团、松绘社、松漫社等。社团团员 526 人，更好地着力于松山湖功能区青少年素质提升。

（3）多措并举，合力推进。

一是出台《社团管理办法》，社团建立起学员档案，每个社团有切合专业的社团规章，规范社团招考程序、年度考核、日常管理等工作。各社团按要求制定发展规划、训练计划，逐步完善训练课程梯度设置。二是社团定期开展面向全市的高标准招考，为学生社团稳步发展提供了后续力量。多个社团还与片区学校实施共建，派出优秀教师支持学校开展第二课堂建设。三是聘请专家名师、全国金牌教练和全职专业教师等“高端配置”共同推动学生社团专业化发展，促进了学生社团建设提水平、上层次、出特色、树品牌。四是经费优先，社团日常训练配备先进的基础设施设备与器械，为实现“高精尖”社团目标提供了有力保障。

（4）品质提升，可圈可点。

在松山湖教育管理中心的领导下，自2018年以来，松山湖校外学生社团获得各类奖项。“松湖”系列学生社团现已成为松山湖园区学生社团的亮丽名片，成为学生社团的标杆，在各个赛场、舞台上，展示松湖少年的卓越风采。

4. 打造活动平台，践行育人使命

松山湖分中心将“活动育人”作为重点发展方向，实施“三个聚焦，三个打造”工程：“聚焦活动育人、聚焦品质提升、聚焦统筹推进”“打造艺术活动品牌、打造科技活动品牌、打造主题教育活动品牌”。以搭建平台、品牌输出、创新发展为抓手，提升了系列活动品质，开创了全新“松湖”特色活动。

（1）整合资源，搭建平台。

积极落实市委市政府松山湖“1+6”“1+9”统筹联动机制，利用市青少年活动中心、市中小学体育艺术联合会、市青少年科技教育协会等专业组织与学生活动资源，组建起共建共享优质教育资源的托管型“教育联盟”。通过深化活动内涵、提升活动品质、拓展活动外延，构建了全新的学生活动平台，将优质活动资源辐射至松山湖功能区。

（2）引入精品，扩大影响。

将多个市级科技、艺术类学生活动引入松山湖分中心及功能区中小学，实现了少年宫功能与中小学的联动，起到了对校内学生活动的辐射带动作用，促进了松山湖功能区科技、艺术教育活动的协调融合发展。将权威赛事流量引进松山湖功能区，赛事团队再以优质活动组织能力为参赛选手提供良好的参赛体验，让口碑传向全市，提升了松山湖功能区在全市的社会影响力。

（3）创新发展，立德树人。

松山湖分中心校外教育践行“立德树人”根本任务，在活动中注重学生品德的培养，常态化举办“主题教育活动”系列活动。创设的“森林畅想季”“松湖七彩流动少年宫”“这些重要日子一起走过”主题教育活动已形成系列、品牌。

松山湖分中心累计组织各类学生活动 100 多项，每年活动参与人数 50000 余人，累计参与人数 20 多万人。松山湖功能区参与组织的市级、功能区级科技、艺术类学生竞赛展演 30 余场，其中东莞市中小学师生才艺展示活动、东莞市中小学生“三独”比赛、东莞市青少年科技创新大赛、东莞市建筑模型比赛均为全市规格、级别最高的学生活动。搭建了“奏响松湖”松山湖青少年音乐会、“最美童声”歌唱大赛、松山湖青少年科技创新大赛、松山湖青少年科技模型竞赛、松山湖功能区单双三舞蹈大赛、松湖杯漫画大赛 6 个品牌学生活动平台，促进了松山湖功能区科技、艺术教育的协调融合发展。

松山湖分中心积极响应“双减”政策，将爱国主义教育、劳动教育、垃圾分类、传统文化、生存技能等有机融入各类主题教育活动中。超 400 校次参与的院士校园行、“松湖博士开讲”等科普主题宣讲活动 30 余场，辐射范围涵盖功能区所有镇街。策划实施了“祖国在我心中”主题教育活动等，充分发挥活动育人职能。

（三）松山湖功能区校外教育发展展望

东莞迈上“双万”城市发展新征程，东莞市第十五次党代会提出的“学有优教”目标要求，教育事业迎来新一轮大发展机遇。围绕与松山湖的整体发展规划同步，松山湖校外教育事业与松山湖分中心发展面临更高的要求和广大群众更高的期待。

1. 初心不变，牢记育人之心

学高为师，身正为范。牢记育人初心，深化落实立德树人根本任务。甘当筑梦人，薪火育桃李。秉承公办教育公益性的初心不变，秉持校外教育普惠性的初心不变，保持校外教育均衡发展的初心不变，怀揣“办好人民满意的教育”的美好心愿，为满足新时代公众对校外教育资源的需求踔厉奋进，朝着“激发兴趣、发展个性、挖掘潜能、培养特长”初心目标勇毅前行，为东莞创建文明城市、教育强市增分添彩，共同擘画风清气正良好校外育人新蓝图。

2. 责任心不变，夯实发展之基

松山湖分中心将保持深化教育的责任心不变，立足“双万”新起点，聚焦“学有优教”新目标，着力夯实发展之基。加强办学经验探索、管理体制创新、成果凝练推广，推动“莞邑良师”计划建设，打造高素质、专业化、创新型教师队伍；着力探索品质课堂建设，整合精品教学资源，为校外教育提供全方位优质服务，全力提升育人水平。优势资源为我所用，将整合功能区科技、企业、高校现有资源，探讨高效利用优势资源的全新模式，使优势资源为校外教育所用，开展本土化科技活动，企业研学活动，积极探索“社区少年宫”“高校少年宫”等新型办学模式。蓄力书写校外教育化办学的“松湖样本”，引领全市校外教育协同发展。

3. 自信心不变，把稳未来之舵

五年探索桃李初成，立足已有根基，深化校内校外融合发展。立足松山湖园区发展战略大局，推进功能区内校校联动，宫校联动，实现校内与校外教育融合成长。通过开展宫校融合、联动教研、课后服务暑期托管等活动，助力“双减”政策精准落地，推动校内外教育减负提质；合力打造艺术社团，通过专题研究、创新机制、评优带动、展示交流等措施，统筹带动整个松山湖园区中小学校艺术教育的发展；争取建设全市乃至全省一流的公益性校外教育机构，适应国家级科学城的发展。

三、学生发展案例

（一）“430”课后拓展服务

松山湖分中心积极发挥艺术、科技教师专业优势，与周边中小学实施共建，累计向松山湖实验中学、松山湖第一小区、松山湖北区学校派出声乐、器乐、表演、航空模型、航海模型、车辆模型等专业师资，支持学校开展第二课堂、430课后服务。

（二）特色社团（如篮球、足球、舞蹈、科技等）

针对松山湖分中心学生社团发展面临的问题，松山湖分中心自2021年起对学生社团进行了全局统筹，优化重组，以打造“高精尖”社团为目标，培养青少年儿童全方面发展。

松山湖分中心原仅有7个学生社团，团员104人，参赛参演经验匮乏。教育集团通过在理念、资金、师资等层面给予松山湖分中心全面扶持，松山湖分中心组建了松湖少年民族乐团、室内乐团、科技创新社团等11个“松湖”系列优质学生社团，团员人数跃升至526人，成为松山湖功能区青少年素质提升的摇篮。松山湖分中心出台《社团管理办法》，建立社团学员档案，依据社团专业属性制定社团规章，系统规范社团管理工作，制定社团发展规划，逐步完善课程梯度设置；面向全市定期招考，稳定社团稳步成长的生生力量；聘请专家名师、全国金牌教练和全职专业教师等“高端配置”共同推动学生社团专业化发展，促进了学生社团建设提水平、上层次、出特色、树品牌；经费优先，为实现“高精尖”社团目标提供有力保障。

2018年以来，松山湖分中心实现了市级、省级教育系统权威比赛金奖零的突破：五年间，松山湖分中心学生社团获得各类奖项共计634项，其中省级以上奖项216个、市级奖项282个、区级奖项136个，为全国各大艺术专业院校（附中）、大学输送特长生9人，在全市少年宫系统居领先位置。

（三）流动少年宫

“松湖七彩流动少年宫”是松山湖分中心于2020年创设的公益活动品牌，旨在将活动中心优质的校外教育课程、活动资源送入功能区中小学，实施宫校联动，让更多青少年体验校外教育的精彩，助力广大青少年健康成长。近3年来，活动已成功走进功能区的石排、大朗、大岭山、东坑、横沥、茶山、企石7个镇街及松湖园区的中小学校，参与学生数量近万人，涵盖“党史教育”“劳动教育”“科技实践”等主题，活动充分发挥了松山湖分中心在松山湖功能区校外教育领域的辐射与带动作用，很好地落实了“活动育人、实践育人”职能，受到功能区各中小学的欢迎。

第五章

教育资源共享平台助力跨行政区域教育协同发展实践

第一节　教育资源共享平台概述

随着计算机网络技术和通信技术的发展，基于网络的远程教育充分利用我国教育资源，普及知识，提高全民素质，从长远看能降低教育成本，保证教育的公平与效率，已经成为构建终身教育体系，实现教育资源共享和教育公平的有效途径。网络教育资源是开展网络教育的前提和基础，只有依托内容丰富、方便实用高质量的共享网络教育资源库，才能充分发挥现代远程教育的作用。

一、教育资源概述

（一）教育资源的定义

根据教育部教育信息化技术标准委员会对教育资源的定义，教育资源是以数字信号模式在互联网上进行传输的教育信息，它属于学习对象的一个子集。

（二）教育资源的类型

教育资源包括如下九类。

（1）媒体素材。是传播教学信息的基本材料单元，可分为五大类：文本类素材、图形（图像）类素材、音频类素材、视频类素材、动画类素材。

（2）题库。是按照一定的教育测量理论，在计算机系统中实现的某个学科题目的集合，是在数学模型基础上建立的教育测量工具。

（3）试卷素材。各个学科有典型意义的试卷集合。

（4）课件与网络课件。是对一个或几个知识点，实施相对完整教学的软件，根据运行平台划分，可分为网络版课件和单机运行的课件。网络版课件需要能在标准浏览器中运行，并且能通过网络教学环境被大家共享。单机运行的课件可通过网络下载后在本地计算机上运行。

（5）案例。是指有现实指导意义和教学意义的代表性的事件或现象。

（6）文献资料。是指有关教育方面的政策、法规、条例、规章制度，重要文章、书籍等。

（7）常见问题解答。是针对某一具体领域最常出现的问题给出全面的解答。

（8）资源目录索引。列出某一领域中相关的网络资源地址链接和非网络资源的索引。

（9）网络课程。网络课程是通过网络表现的某门学科的教学内容及实施的教学活动的总和，它包括按一定的教学目标、教学策略组织起来的教学内容和网络教学支撑环境两个组成部分。

二、构建教育资源共享平台的策略

建立教育资源共享平台，并保证平台的统一性与开放性，切实发挥资源共享的作用，打破资源屏障，这一问题是现阶段开展教育资源共享建设过程中急需改进和处理的。对此，笔者认为可以从下面四点入手。

（一）完善教学资源建设标准

教学资源涉及内容众多，整体十分复杂，所以对于资源共享和管理上有所不同。需要针对管理平台功能、制作内容要求以及资源开发行为规范等设置有针对性的统一标准。一方面应充分考虑本国教育资源情况，对现有标准进行调整和继承，促使教育资源元数据标准更加合理完善；另一方面，教学资源建设过程中应以教育部颁布的建设标准为参照，即遵守《现代远程教育资源建设技术规范（试行）》，合理融合实际与理论，通过不断实践逐步改进和完善。

（二）建立和完善教育资源开发的体系结构，实现资源共享

教育资源建设与发展不仅要学校与教育部门努力，同时国家、省、市、县等多个层级也要提供相应的支持。一方面，中央教育机构需要合理利用不同渠道落实好教育资源建设，科学进行规划与统筹，创建理想的教学资源库，保证数据资源更加实用、权威且规范；另一方面，要求学校与各省、市、县都要加强对行政区域性教育资源建设的重视，做好及时沟通与交流，充分协作互

助，确保资源无障碍沟通与共享。

（三）提高教育资源开发的精度和深度

教育教学过程中，最大程度展现教育资源的积极作用，保证资源有效共享，同时，必须改善教育资源质量。优质教育资源需要符合教材内容，以新课标教学实际需求以及课标精神为参照，建设合乎规范的基础教育资源，从全国各地收集大量优质教育资源，从多个层面服务课程教学活动。另外，注重其他教育资源开发，包括网络课程资源、交互式教育资源等，如此一来，既可以确保教学需求得到有效满足，又有助于学生高效开展协作与自主学习。

（四）加强对教育共享资源的管理，完善资源评价标准

针对现有教育资源，进一步探索能够展现教育资源作用的方法和路径，推动资源有效共享，构建科学合理的资源评价标准体系，综合、科学地评估新开发资源与现有资源，以评价推动建设，构建和谐高效的共享机制，为教育教学资源长久稳定发展打好基础。

制定具有统一性与开放性的新教育资源共享平台，推动教育资源能够及时共享，对于这项复杂庞大的系统性工程，建议尽快改善资源利用成效，注意避免重复开发等问题，教育资源共享平台模型建立的初衷是让教育资源共享建设活动能够有合理参照。

第二节 基于大数据的跨行政区域教育资源共享平台搭建策略

搭建跨行政区域的教育资源共享平台有利于优质教育资源进行跨区域的高效传播。在此过程中，我们要加强信息技术与教育融合发展顶层设计，加快建设教育大数据中心、教育改革评价系统、教师管理系统平台，开展资源建设，构建人工智能支持下的人才培养新模式，发展基于互联网的教育服务新业态，探索信息时代教育治理新范例，形成具有数智驱动特征的现代教育体系，还应提升师生信息化专业素养、聚焦课堂提升教学。

一、构建一个场景，赋能智慧教育大数据

（一）优化智慧教育资源服务

以推动云计算、物联网、大数据、智慧系统、人工智能等新一代信息技术在教育领域的跨界融合为目标，优化教育信息化融合发展基建环境，建设教育大数据支撑平台、教育资源共享平台，搭建由智慧教学、智慧学习、创客服务、教研共创等模块构成的教育资源服务平台。探索 5G 教育应用场景，开展智慧教室、数字图书馆、智慧实验室等智能硬件升级，持续优化智慧应用环境，构建全域感知、万物互联的智能化基础设施体系，打造智慧泛在的学习空间。

（二）推进智慧教育教学新改革

推进“信息技术 2.0 课堂变革”，实施“云上计划”，以中小学人工智能教育为抓手，积极探索人工智能人才培养模式、推进人工智能与教育教学融合创新。推进科学技术与教育教学深度融合，开展线上线下混合式教学，建立人机共教、双师教学、多师协同的新机制。打造在线品质课程，推进“品质课堂”优质教学资源建设与应用。建设学生全面发展画像系统、学生综合素质评价系

统、教育质量监测动态展示系统，实现精准化、个性化教学。

（三）创建未来教育新生态

实施未来教师信息素养提升计划，建立教师信息素养发展新机制，构建教科研一体化在线应用体系，常态化开展线上线下有机融合的人工智能师资研训活动，推动全体教师提升信息化素养。打造以松山湖青少年活动中心为样板的科教融合体验中心，加强与科研院所、高新科技企业开展技术、教研合作，利用企业的真实性体验场景资源，开发创客课程、人工智能课程等智慧课程，打造创新实验室，打破资源链接障碍，突破知识围墙壁垒，构建家庭、学校、社会三位一体的智能化、个性化、多元化学习场景。

二、科技赋能，推动教育场景双计划

以设计与技术为突破点，构建一个数字孪生的“地上 + 云上”空间教育场景。以美学战略、场景革命、智能引擎为学习空间建设路径，聚焦智能引擎、深度学习、自主学习，实施“地上松湖计划”和“云上松湖计划”，实现科教融合。

（一）实施“地上计划”

聚焦未来校园空间设计，以美学战略、场景革命、深度学习为核心，开展“地上计划”，为更具育人价值的未来校园建设提出方向性建议。

实施美学战略。以学校导视系统、空间视觉呈现系统、师生仪表格调为抓手，以学校办学理念系统、课程建设、机制与评价为融入点，美化校园环境，唤醒师生对校园的情感认同与归属感，并以美的感知与认知激发创造力。

推动场景革命。以校园空间规划与设计为重点，从校园中人的体验、心理、行为出发，从价值选择、空间美学、使用功能进行综合设计，让所有的校园空间都具有“主动育人”的功能。系统梳理校园中空间的功能需求，系统布局混合空间、非正式空间。紧紧链接校园中的人，设计包含学习主题、方式、资源的空间流线与内容，发挥空间的最大育人价值。设计能够充分支持学生开展探究性学习的环境，搭建培养学生探究能力和创新精神的科学研究平台。依托松山湖青少年活动中心，成立青少年创新创业实践基地。鼓励中小学与周边科研院所、创新企业合作，创设有意义的真实学习情境和科创学习空间。

开展深度学习。以学校班级文化、走廊文化、空间文化设计为抓手，融合传统学校的图书资源、未来学校的技术资源与空间色彩、布局、功能，打造特色多功能主题场景，为学生的深度学习提供支持。围绕创新人才培养要求，以项目式的方式，开发跨学科科创校本课程体系，开展突出探究体验的科普研学、工程师进校园等活动，开展科学微课题研究，培养学生科学思维和探究能力，从而实现深度学习。

（二）开展“云上计划”

聚焦技术平台建设，以智能引擎、场景融合、自主学习为核心，开展“云上计划”，为松山湖未来教育试验区整体建设的新常态混合学习提供方向建议。

构建智能引擎。以技术平台合作与评价机制设计为主要抓手，融合新教育理念，打破资源链接障碍，通过对教室内外学习核心要素的数字化改造，建立数字科学实验室，探索人工智能赋能教、学、评、测、练。搭建网络平台，用以共享各研究院所提供的实验真实数据，并集成各种数据分析技术。

推动场景融合。以网络空间场景设计与核心主题、任务设计为主要抓手，推进网络学习空间的IP化战略。在虚拟空间中搭建学校模型，帮助远程端的学生以自己的身份“进入”学校，同步学校的课堂与资源。让博物馆、美术馆、企业、村落、公园、社区都成为教学场景，让教师、家长、程序员、作家、演员、艺术家等都成为教学者，让网络学习空间更有价值、更有温度、更有层次、更有活力、更有品位。

促进自主学习。以品质课堂、品质课程建设为抓手，探索信息技术赋能的课堂教学新模式，提升师生的信息素养。用互联网思维重塑教育流程，用设计思维变革学习内容，让学生在网络平台资源与评价机制的协助下，基于STEAM、项目式学习等课程内容，拓宽视野与认知，实现自定义节奏的学习。

三、多元融合，建设品质课程新高地

以“品质课堂”教学改革成果为基础，以有教无类、因材施教、素质教育为基本理念，以让每一个学生接受有品质的教育为价值追求，深入推进“品质课程”建设。从科教融合、幼小初衔接、国际理解、劳动教育等重点项目入手，引领园区学校关注学生个性化成长需求与过程体验，建设一处优质创新的教育高地。

（一）科教融合，打造“科学 + 教育”生态圈

探索“科教融合”新路径，建立中小学与高等学校、科研院所联合培养科技创新人才的有效模式，构建学段贯通的科创人才培养体系。通过试点先行、全面推广聘任科技副校长，加强科创特色课程建设、师资培训和特长生培养，在优质基础上追求多样化发展，促成不少于 6 位科学家签约学校科技副校长。通过加强和改进实验教学活动，确保基本实验开出率达 100%，拓展性实验比例不少于 50%。

（二）开发科创教育资源

聘请有教育情怀的科学家成为中小学科技副校长，让园区中小学科创教育与世界前沿、与高科技企业、与各种教育资源对接。充分发挥科技副校长的引领和纽带作用，加快科技创新教育课程建设、队伍建设、社团建设和环境创设，争创科技创新教育特色学校。充分展示高科技企业的创新案例，开展科普教育、主题沙龙活动，探索不同领域的创新方式。

（三）提升科普活动品质

以“培养科学思维，提升核心能力”为主题，将青少年科普研学活动纳入学校综合实践活动课程，每学期至少组织一次中小学生前往园区高科技企业、研究院所开展研学，每次活动至少半天。促进科创教育校内外有效衔接，激发学生科学兴趣，普及科学知识，弘扬科学精神，传播科学思想和科学方法，培养中小学生的创新精神、实践能力和社会责任感。

（四）加强实验活动评价

推进学生日常参加实验活动的情况与学生综合素质评价相接轨，有效支

撑学生综合素质评价体系和学业水平考试改革。以评促教促学，每年定期开展小学科学实验操作考核，注重对学生观察实验现象、分析问题、解决问题能力的培养，促使学生形成良好科学素养。

四、有序推进，进行点面结合双路径

为推进教育教学改革、提高基础教育质量，加快推进基础教育现代化，以整校推进、研训并举、课程整合创新的方式进行变革，能有效促进跨行政区域各学校教育的均衡发展，做好示范引领。

（一）整校推进，以点带面

以优质资源学位为样本校，面向各区域其他学校推进研修模式，持续推进以“信息技术与学科教学深度融合”为突破口的智慧课堂工作，引领教师专业化成长。

（二）研训并举，建设团队

打造高素质教研团队，实施创新教研人才培养计划。一是教学研究方面。开展经验共享、课题共研、培训工学，以教育管理中心牵头，进行区域专题研讨活动。二是创新培训方面。立足体验、注重迁移。综合运用线下 + 云上混合式研修、以研代培、VR、AR、基于实践的学习、项目式学习等多元培训方式，提升培训的价值与实效。三是创新评价方面。全程跟踪、个性诊断。将教师专业发展与信息技术相融合，利用人工智能、大数据等现代信息技术，探索教师成长情况全过程的数据分析系统。

第三节　广东省中小学教师信息技术能力提升工程 2.0 示范区松山湖建设案例

近年来，在东莞市教育局的领导下，在松山湖功能区各镇教育管理中心的大力支持下，松山湖以“智慧教育”作为现代教育的基础和保障，提出“打造科技 + 教育发展高地”的目标，促进区域教育均衡发展。

一、基本概况

科技共山水一色，新城与产业齐飞，松山湖坐落于粤港澳大湾区的黄金腹地，坐拥 8 万平方公里的湖面，湿地面积 6.5 平方公里，绿化覆盖率超过 60%，生态绿地面积 14 平方公里。2020 年 7 月，松山湖科学城被正式纳入大湾区综合性国家科学中心先行启动区。

作为华为松山湖研究所（华为欧洲小镇）的重点部署之地，松山湖国家高新企业云集，拥有中国散裂中子源、松山湖材料实验室和松山湖科学城。松山湖园区共有各类学校 41 所，其中高校 4 所，中小学 16 所，幼儿园 21 所。为更好服务“湾区都市、品质东莞”创建，松山湖开展功能区教育统筹，组建和参与多个教育集团。如松山湖中心小学教育集团、松山湖无痕教育集团、松山湖未来教育集团、松山湖实验中学教育集团。目前，松山湖信息化发展现状将由松山湖作为省信息技术工程 1.0 跃进 2.0 示范区、在东莞市首批慕课实验区、东莞市信息化教学实验区等的驱动下，使园区信息化教与学能力不断提升。“学在松山湖”逐步成为代表高新区城市形象的知名品牌。

在探索功能区智慧教育资源共享、课堂教学改革方面，松山湖通过两大实施路径开展：一是构建互联网赋能教育均衡发展新格局；二是构建功能区课堂教学改革，并制定了六大统筹机制，分别是建立定期联席工作机制，加强统筹协调；组建片区教育教学研究指导中心，共享教研成果；借助慕课平台，引领全市教育信息化发展；探索片区教育集团化模式，扩大优质资源覆盖面；构建片区教师发展体系，形成“一体化”的管理模式；创新招生制度，提高片区学位资源使用效率。

在信息化 2.0 思路构建整体安排上，松山湖按照“平台构建—路径构建—目标构建”的模式，借助国家级实验区、示范区的建设及东莞品质课堂行动计划，开展两个团队的培训，打造 3 所试点校，并在 2021 年底全部完成培训并通过考核，形成了一套整校推进的新进制。

二、实施策略

（一）开展专题调研，优化顶层规划

通过区团队引领、专家进校等方式，开展专题调研，制定一核两线区域课堂教学创新模式，一核是立足课堂教学创新（打造品质课堂），两线分别是园区统筹管理和学校协同组织。园区统筹主要从团队建设、制度建设、资源建设、目标制定和经验推广实施；学校协同组织主要从制定一校一策、学科教师分层培训、遴选试点校、通过专家进校指导实施。达到试点先行、以点带面、整校推进的目标。

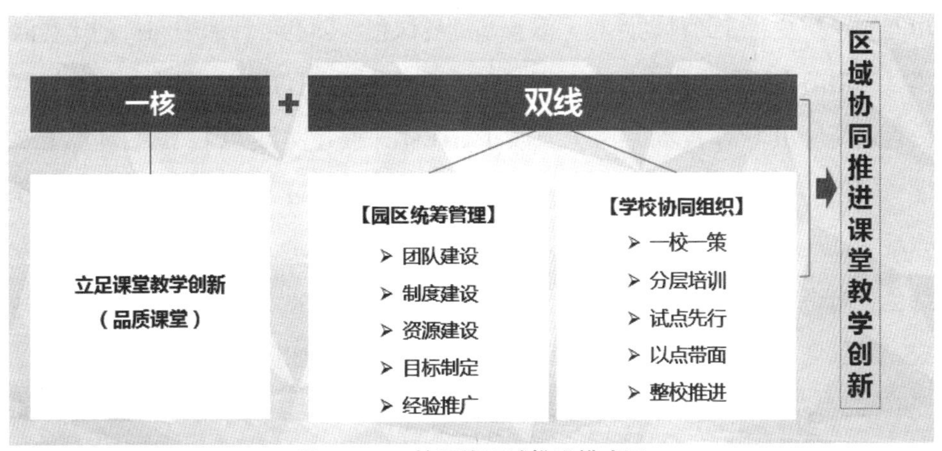

图 5-1　一核双线区域推进模式图

一核的教学实施。以“立足课堂教学创新，打造品质课堂”为核心，确定学校研修主题，教师应用信息技术赋能课堂，交叉融合信息技术与学科教学，

开展基于项目式、场景化、探索性、真实性主题的探究活动，提升教师信息化教学能力，提高学校信息化水平。园区现有 8 所学校走在前列，他们基于校情，开展各具特色的信息化教学改革，主要围绕智慧课堂建设、校本特色课程建设两大方向进行。

松山湖中心小学打造"智慧课堂体系"，采用信息技术与学科融合的手段，学科涵盖广，学段覆盖全。围绕"深度学习"三要素，明确"智慧课堂"的特征，包括丰富的教师教学模式、师生互动的教学氛围、多彩的探究活动、发散的思维方式等，进而创新提出基于"智慧课堂"的教学策略。松山湖实验小学打造的"创客课程体系"将信息技术、美术、科学、综合实践融入其中，形成了"澄明·选题，尚美·设计，匠心·塑型，智造·编程，致用·展示"五大模块，课程在全国教学成果展示活动中获得广泛赞誉。学校目前已开发一系列 STEAM 创客教材，收效良好。松山湖第一小学打造了"STEAM 课程体系"。学校提出"未来学校"和"智慧校园"的发展蓝图，在课程改革的过程中，积极推进信息技术与教学融合。同时，探索建立以学习者为中心的教学新模式，倡导网络校际协作学习，提高信息化教学水平。松山湖第二小学打造了"创客课程体系"。学校建有 AI 智创中心，STEM 活动中心，创客工作坊等功能室，开发系统的科创课程，涵盖基础性课程、创意设计课程和科创比赛课程。松山湖实验中学打造了"创客教育"课程体系。打造四类课堂，培育智慧教育创新应用（5G 技术）、智慧环境下 STEM 课程开发与实施、智慧环境下中学"三创"体系构建与实践项目。松山湖北区学校打造了"人工智能普及课程体系"。以学习者为中心，以"科技 + 人文""教育 + 产品""校园 + 社会"为特色，打造一年级至九年级的人工智能普及教育目标与评价体系，基于项目式、场景化、探索性课程内容，致力于培养主动积极面向未来的新时代公民。

（二）以园区统筹管理为主线，提炼五大做法

做法一：领导重视，双团队协同管理。园区成立工程办和项目管理组，负责全区项目的统筹规划、资源调度、组织实施等工作，并制订区层面的实施计划，保证项目的顺利开展。

做法二：谋篇布局，双制度多管齐下。制定了《东莞市松山湖中小学信息技术应用能力提升工程 2.0 实施方案》《松山湖园区中小学教师信息技术应用能力提升工程 2.0 工作推进激励办法》两份文件，为提升工程 2.0 的高效开展奠定了坚实基础。

做法三：智慧赋能，软硬件共同建设。基于松山湖实际，园区建立教育大数据中心、教师管理系统、教师招聘系统、松山湖招生平台，组织学校在莞易学云学堂开展莞慕课资源建设。

做法四：督导结合，多手段明晰目标。根据区域实际，统筹规划目标任务，研究制定了能力提升工程 2.0 实施方案，并制作了对应的实施指南，确保项目实施的可操作性。

做法五：成果凝练，分阶段总结经验。区域举办 2021 年融合创新能力点认证区域教研活动和 2022 年能力提升工程 2.0 成果交流展示活动。成果交流活动为区域推进、学校整校推进、学科典型案例成果培育及转化提供范例。

（三）以学校协同组织为辅线，落实八大步骤

为了使学校项目能够顺利开展，学校层面组建了管理团队、培训团队和学科教师，制定了以下八个实施步骤。具体如图 5–2 所示：

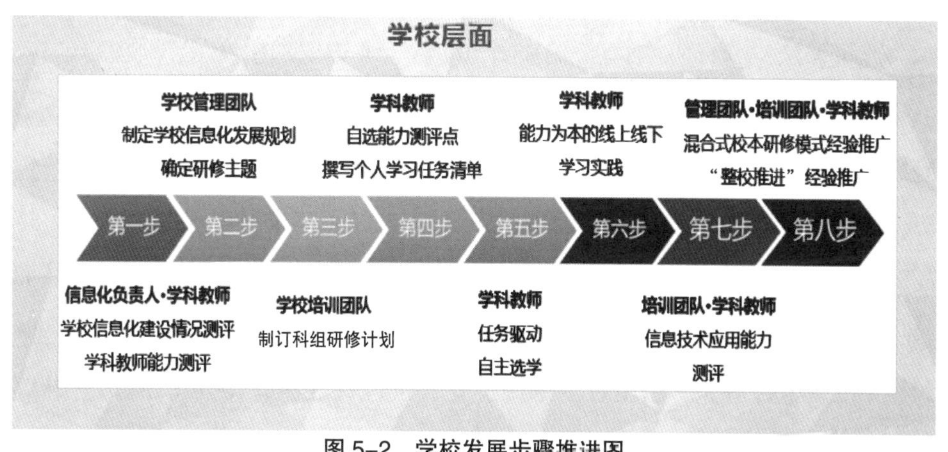

图 5–2　学校发展步骤推进图

有了实施计划，如何让项目更有效地落地，需要与学校团队共同研讨，最终制定了五大实施措施，具体如图 5–3 所示：

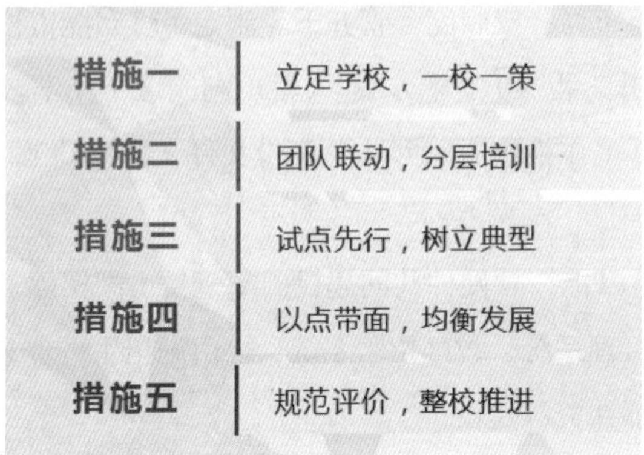

图 5–3 学校发展措施图

措施一：立足学校，一校一策。我们以校为单位，指导学校信息化管理团队基于学校信息化教学环境及教师信息化水平，围绕学校教学改革方向，制定学校研修主题，圈定学校能力点范围，制定学校“两案”，指导教师线上线下研修实践。

措施二：团队联动，分层培训。实施整校推进，通过骨干直播 + 网络研修、校本研修进行分层培训。通过培训提升管理团队信息化领导力、培训团队信息化指导能力、学科教师信息化教学能力。

在校本研修实施过程中，以“确定目标→实践应用→以评促用→以评促建→成果展示”为路径，围绕应用能力点实践、典型课例建设、特色项目培育、信息化帮扶设计，通过 2 天 3 次专家进校活动，指导教师边学习、边实践、边应用、边提升，促使教师将培训所学向实践成果转化。

措施三：试点先行，树立典型。打造试点学校，提供样板示范。

第一步：培训团队组建及培养。旨在提高研训团队信息化指导能力，从而指导学校教师开展信息化教学实践。

第二步：打造 3 所示范校。采用“整校推进”的模式，分学校管理团队、学校培训团队、学科教师三类对象，围绕能力点实践及信息技术应用开展对应的培训。

第三步：微能力认证课程开发。东莞松山湖实验小学及松山湖北区学校，围绕能力点实践开展了系列教研活动，凝练形成了应用能力点指导课程。

措施四：以点带面，均衡发展。

1. 专家进校指导。围绕学校整校组织与实施、典型课例研磨、学校信息化成果凝练三个方面进行指导。

2. 能力点认证活动。围绕能力点认证，开展区域教研活动。

3. 教科研活动。围绕信息技术应用能力提升，开展校际教研活动。

4. 信息化帮扶活动。围绕教育信息化，展开校际帮扶，强校帮弱校，辐射推广经验。

措施五：规范评价，整校推进。通过制定考核标准、考核指南、评审指南，保证项目开展的有效性。

三、实施成效

主要从目标达成情况、课堂教学改革、区域深度教研、信息化帮扶四个方面验证实施成效。

1. 目标达成情况。实施信息提升工程 2.0 项目的目标达成情况：整校推进实施成效 100%，绩效考核评为优秀等级的学校 3 所，评为良好等级的学校 2 所。

2. 课堂教学改革成效。打造品质课堂教学范式。

案例：《G6 智慧教学的方法与环境》

北区学校采用智慧平板辅助教学，课前：教师设计个性化教学方案，借助平台推送微课及学习素材、发布导学练、批改学生课前预习的内容；学生通过平板或移动设备观看微课及阅读课本完成导学练习。课中：教师发送小组合作任务，解答小组疑惑，推送实时练习；学生共同完成小组任务、完成练习检测、记录问题并进行展示分享。课后：教师批改学生作业、反馈作业情况；学生根据作业反馈情况订正前一节作业的错误，完成平板推送作业并查看答案解析。这样个性化的教学模式让学生的学习更高效。

四、特色成果

项目成果主要有如下两大特色。

特色一：创新教研活动形式，形成多种方式教研机制。构建区域—校本—混合多样化教研模式，推进区域教研和校本教研高效发展。区域教研通过结对帮扶、教研帮扶、送培送教、联合教研，同时开展以赛促学，以赛促研进行能力解码、成果展示；校本教研主要以成果为导向，开展课例建设、主题式课题研究；混合教研通过线上线下相结合，打破教学探讨的空间和时间限制，形成形式多样化教研模式。

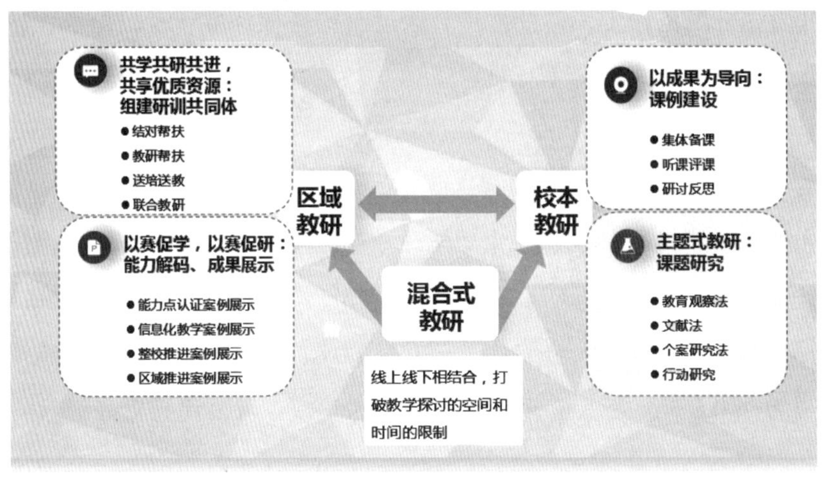

图 5-3　多样化教研模式推进区域教研和校本教研高效发展

特色二：开展教学资源建设和应用，构建“阶段式”信息化教学新样式。通过构建区级四大教学应用范式，打造信息化教与学模式。区域共建了智慧教育平台—推进平板教学慕课教育—共享同步课堂优质资源—常态化区域教研。共建智慧教育平台主要从线上教学、观摩学习、名师网络授课和在线答疑，促使高效教学到智慧学习的转变；推进平板教学慕课教育，通过师生、生生互动、教与学共同成长、线上 + 线下教学、自学 + 互动学习实现被动学习变成主动学习。共享同步优质资源，主要是共享课堂资源、远程同步视导活动、功能区资源共享实现资源共享到外驱共长的变化；最后是常态化区域教研，主要是线上线下教研、听评课、研讨和教师竞赛。

打造典型案例，常态化推进学校应用教学资源建设。打造了典型案例、微课资源、慕课资源、微课程、品质课堂、精品课例等。为区域的信息化教学资源建设再上一个新台阶。

松山湖实验中学进行智慧教育的创新应用（5G 技术），引进 AR/VR、智能手环开展智慧教学，荣获“首批中国 STEM 教育领航学校”“国家教育信息化产业技术创新实验学校”“教育部全国基础教育信息化应用典型案例学校”“中国创客教育实验学校”“中央电教馆全国首批人工智能实验学校”“广东省中小学信息技术能力提升工程 2.0 试点校”“东莞市慕课试点学校”等多项荣誉称号。

松山湖实验小学试点校建设取得了丰硕的成果，成功入选东莞市广东省信息化中心学校建设成效优秀学校、广东省基础教育信息化融合创新示范培育推广项目建设成效优秀项目，主要特色是基于无痕教育教学理念，探索国家课程微课化，校本课程数字化，德育内容数字化。

五、经验总结

松山湖在实行信息化2.0项目中，主要从区域、学校、教师层面做好规划，做到一体谋划、统筹推进，实现协同创新。

图 5–4 松山湖信息化 2.0 项目规划

规划展望主要有四点：

1. 构建互联网赋能教育均衡发展新格局。

2. 构建功能区课堂教学改革。

3. 健全线上教研体系。

4. 继续开展数字化教学资源建设。

信息化 2.0 项目的实施给松山湖带来了一个很好的机会，让我们的课堂改革再上新台阶。

第六章

区域教育共同体驱动跨行政区域教育协同发展实践

第一节　区域教育共同体概述

本节主要通过分析区域教育共同体的内涵、意义、发展战略、主要任务、重点行动等内容，为后续的实践研究与成果培育提供理论支撑。

一、区域教育共同体的内涵

区域教育共同体其实质仍为学习共同体。霍德（Hord. S. M.）首次提出专业学习共同体并指出其包含的五个特征，分别是支持性和共享领导、共同愿景、合作性学习及应用、个人实务的共享、保障条件。佐藤学认为学习共同体是学校共同体实现的重要途径，表现为通过学校师生及公众在参与学校活动中，致力于开展学习活动；在共同体各个层面要求基于倾听关系展开平等的对话、展开合作学习；构建开放立体式结构，以协商的形式共享信息，更多地依靠标准、目标、价值观、情感的互相依赖来管理，因此，学校文化也是规范共同体成员行为的重要机制。郑葳、李芒认为学习共同体中的处于不同背景的每个人都处于学习的状态，具有凝聚力和共同目标，每个人在共同体中发挥自身专长，在合作中达成目标，学习共同体构建的过程需要赋予师生权利、进行主体对话协商、实现文化的创生①。

本节基于先前研究者的观点，将区域教育共同体概念界定为：一定范围内教育优质区域与薄弱区域之间，通过行政推动或自组织形式组建区域教育共同体，在内部建立指向不同层面发展的、多种类型的学习共同体，如学校共同体、教研共同体、管理共同体、教师共同体等，各类共同体内的参与主体基于共同的发展愿景、任务和追求，在平等合作、尊重差异中促进优质资源共享共创，最终实现区域教育共同发展。

---

① 郑葳，李芒．学习共同体及其生成[J]. 全球教育展望，2007（04）：57-62.

二、构建区域教育共同体的意义

教育共同体是在某一行政区域教育均衡发展基础上向周边行政区域跨域发展，实现市域教育共富的重大举措，以两学年为一个建设周期。其一，教育共同体指的是双向奔赴的志同道合者，秉持共同的目标使命和价值追求，通过深化教育教学改革，提升教育教学质量，突破区域教育发展瓶颈，实现特色发展增值。其二，教育共同体的核心理念是正向互动，成员学校间相互尊重、相互学习，进而弥补不足、优势互补，携手共进，同舟共济，最终实现合作共赢。其三，教育共同体以提升教育质量为核心，以学校特色发展与人才创新培养为目的，整合资源、点面结合、共研共促、共享共富。其四，教育共同体的最终诉求是共同发展，区域学校不仅要实现资源均衡，更要在学校活力和教学质量上实现均衡，促进各要素联动，推动形成各具特色、美美与共的优质均衡状态。

三、区域教育共同体的发展理念

和合共进，和而不同。

“和”“进”是理想状态，即优质发展、和谐发展，指向生态和谐、优质发展；“合”“共”是发展路径，即均衡发展、协调发展，指向资源整合、人才聚合、技术融合。“不同”是多元个性，即彰显集团成员校、区域的文化独特性。

1. 优质和谐，好生态和合

坚持发展面向未来的优质教育，建立和谐教育生态。全面落实立德树人根本任务，完善教育质量标准体系，建立以未来学校教育教学设施设备、教育人才等资源要素为核心的学校建设标准。充分利用现代信息技术，丰富并创新课程形式。创新人才培养方式，推动合作式、参与式教学方式改革，构建教育质量评价监督机制。

2. 统筹均衡，高水平共进

立足区域教育实际，树立协同发展思路，建立协同发展机制，统筹各级各类教育协调发展，促进各教育要素相互配合、相互协作、互惠共赢。统筹推进资源共享、课程共建、教学共研、人才共培、活动共创等改革举措，建立教育共同体，建设各级教育共建、共享、和谐的教育生态，推进各区域间、校际间教育优质均衡。

3. 多元个性，各美其美

立足学校发展实际，遵循教育发展规律，科学设定集团成员校的发展目标，合理规划学校发展重点项目和发展领域；坚持根植本土，尊重各学校的文化传统、办学特色，充分挖掘凝练教育共同体成员校核心品质和独特风格，开发个性化的资源，发挥学校优势，针对教育共同体开展个性化评估，形成各美其美的美好教育生态。

四、区域教育共同体的主要任务

（一）创新教育统筹发展模式，实现优质发展

以紧密型和托管型为主，针对教育共同体成员校的性质确定办学模式，组建内生融合型、外联共研型教育共同体，明确核心校与成员校各自的权责利或治理权限，建立理事会等管理体制。建立协作共创型教育共同体，围绕教科研主题和学生特色活动主题组建项目组，规定教育共同体成员校的合作形式、范围，明确项目组成员校承担的责任和义务。

（二）优化教育统筹发展机制，实现均衡发展

针对内生融合型、外联共研型教育共同体统筹发展模式，建立相应的教师流动、教育教学交流、课程共建共享、绩效考核、人才培养、平台建设等机制，建立教学成果推广机制、引进第三方机构开展绩效评价的集团办学评估机制和教育共同体核心校的准入和退出机制，制定协作共创型教育共同体的学生联动机制，建立教育共同体发展的经费保障和人员保障机制等。

五、区域教育共同体的重要路径

全面推进教育共同体建设，完善集团化办学、教科研一体化、学生活动联动的统筹机制，通过建立内生融合型、外联共研型、协作共创型教育共同体，扩大优质教育资源总量，整体提升跨行政区域基础教育优质均衡水平。

（一）建立教育教学研究共同体，共建顶层高效运行机制

共建机制使教育共同体工作制度化、规范化和常态化，实现可持续、高质量发展。共建教育共同体机制满足了人民群众对教育优质均衡的需求，促进了薄弱区域从量变到质变的飞跃，推动了教育共富的早日实现，进一步提升了人民群众的教育满意度和获得感。通过构建顶层的教育教学研究共同体，能有效打破跨行政区域因政策、管理等方面的差异和壁垒，将理顺教育共同体双方的权利与责任作为共同体建设的重要内容，强调明确双方权责、理顺关系、优化结构、提高管理效能。

构建教育教学研究联动体制：选举优势区域对教育教学研究工作进行统筹管理并履行议事、协调、交流、研究职能，成立教育教学研究中心，其他区域作为成员区域加盟其中。从各成员区域抽调优秀教研人才组建跨行政区域教研队伍，制定教研队伍定员、定岗办法，完善教研队伍成长管理制度，健全教研员交流、考核评价等关键性制度，构建科学的管理体系，促进跨行政区域教研工作的专业化发展。

构建多轨制教育教学研究体系：教育教学研究中心根据每年的研究主题，拟定不同学科不同学段的教研主题和研究课题，提前发布教研和研究主题，各成员区域、区域内各学校依据自己的特长和兴趣选择相应的主题，以区域学科名师或带头人为引领，组建规模适中的教研小组或课题小组，共同制订教研计划，提交课题研究申请书，制定项目经费预算、明确预期成果，教研室组织专家团队进行审批，然后各项目组围绕项目主题，以线上线下的方式定期开展课例研讨、专家讲座、集体备课、教学展示、研讨沟通等，借助学科教学节、学科教育系列论坛、学科骨干教师成长教学实践论坛等方式，搭建一体化教研联动平台，开展教科研成果展示和推广活动。通过体系建设，能有效促进区域间的优质资源整合。

（二）建立内生融合型教育共同体，深入推进集团化办学

内生融合型教育共同体是指优质学校在跨行政区域间通过增挂新的校区

不断扩大规模，或者与托管培育的新优质校全面重组，融合成“一校多区”，开展同步化办学。内生融合型教育共同体各校区合为一个法人单位，人事、财务、管理统一。各校区实行“组织融通、师资共享、课程共创、教学协同、考核一体”的管理模式，实现一体化发展。

1. 组织融通

内生融合型教育共同体采取紧密型，实行理事会管理体制，建立党政工一套班子，实行统一领导，实施集中决策、民主管理、组织协调的运行机制。人财物重组后由教育共同体统一调配和使用，学校内设机构组织架构及中层职数按精简高效的原则结合实际确定，以教育共同体为单位统筹确定领导职级职数，教师岗位设置和聘用。建立总校长与执行校长联合共治的治理结构，以校务委员会为统领，以提高管理效能为目标，形成条块结合、以条为主的管理系统，对教育共同体内部事务进行统筹协调管理，实现内部管理一体化、课程教学一体化、教学发展一体化、考核评价一体化。根据教育共同体师资条件、保障能力等因素，合理控制办学规模。

2. 师资共享

为了促进内生融合型教育共同体师资的合理调配和集团教师间的有效协同，帮助各校区教师结构优化、班子成员的能力补缺、学科团队的凝聚发展，坚持教育共同体内部管理“一盘棋”，实行管理骨干双向委派制和教师交流轮岗制，核心校派出管理人员或骨干教师到各分校参与管理或任教，各分校组织管理人员或骨干教师到核心校进行跟班学习，按教师管理人员的配置要求，统筹安排骨干教师、中层及以上干部，提倡管理干部“挂职”，教师“走教”“跨校兼课”“异校带教”，以“硬流动 + 软流动”的方式，实现各校区教师干部有序流动，逐步实现教师资源配置优质均衡。

硬流动：核心校根据各成员校的人事需求、学科结构、师资配比、办学特色等，制定教师流动方案，明确交流人员名单，合理划分教师和干部的交流批次，统一派驻教师和干部。管理人员交流期限一般不少于两年，专任教师交流期限一般不少于一年，每年教师干部交流人数依据集团化办学实际需求执行。

校区内因学科不足等原因造成的教师短缺，由校区间走教形式统一调配。

软流动：建立由教育共同体所有高级职称教师或区级（含）以上骨干教师、学科带头人等组成的骨干教师流动池，以及所有中层以上干部组成的干部流动池，通过共建名校长名师工作室和学科基地，开展联校教研活动、跨校兼课、异校带教等方式，实施教师干部柔性交流。教育共同体根据各成员校提出的兼课需求和教师提交的自愿申请，经教育共同体议事会研究决定，对教师干部进行统筹安排。学校每年教师交流轮岗人数应达到符合交流条件总数的10%—20%，骨干教师比例均不低于交流轮岗教师总数的20%。

3. 课程共创

为孵化出各具特色新优质校，优化集团课程“植入性”成长模式，鼓励教育共同体打破校际界限，充分挖掘核心校原有的资源及各种社会资源、社区资源、家长资源等，建设教育共同体特色课程资源库。

成立由教育共同体学科名师、校外专家等组成的特色课程管理工作小组，对各分校每年提交的新课申报进行评审，同时针对分校课程建设的实际情况，开展课程开发培训和指导。各分校根据自身优势、文化传统和周围资源，借助集团总校课程建设的优势，共同协作，建设教育共同体整体统一理念下的各自特色校本课程，开发课程资源，开展课程培训，推动课程共创。

4. 教学协同

建立“相对独立、资源共享”的教学统筹机制，坚持学校现行体制不变、法人代表不变、拨款机制不变的原则，统筹教育教学管理，共同推进教育教学改革和教育资源共建共享。各校区实行教学常规、教学进度、教学检测等同步。课程设置、教学计划制订、教学内容实施、教学常规检查、教学质量评价以及学生综合素质评价等方面，在基本标准要求的前提下，促进各校区个性化发展。各校区共建共享设施设备、课程资源等，充分依托网络设备和技术，积极开展远程教学、教研与管理。通过大型活动、综合实践活动等，推动教育共同体各校区师生交流互动。

建立教育教学交流机制。建立学校课程中心，开展课堂教学研讨、评比等活动，将先进的教育理念、管理经验和教育教学方法输送给成员校，重树成员校教育理念，改革教学方法，提升教学质量。建立“全员课堂”体系，定期召开交流大会反馈新校教育教学问题，深入探讨集团化办学计划的落实情况，及时合理地调整办学进程。

5. 考核一体

为激发教育共同体的办学活力，建立统一的干部教师专业考核和评价体系，从学生发展、教师发展、学校发展、社会认可和发展潜能等层面，对核心校和各成员校内部治理和运行、优质资源共享、教师队伍建设、办学水平提升等方面全方位开展发展性、捆绑式绩效评估和动态质量监测，建立教育共同体视导诊断制度，逐渐实现评价考核一体化。

绩效考核：引入科研园所、社会机构等第三方机构，整体评价集团的办学情况，重点考察优质资源增量与校际差距缩小情况。第三方评估与核心校针对各成员校年度重点工作量身定制科学合理的考核评价方案，细化考核和评价内容，围绕集团化办学政策实施情况及办学成效等，从专业视角对教育共同体各项工作运行及办学质量情况进行专项评估，结合本地本校实际，将考核评价结果纳入个人绩效工资、职称评聘、评优评先办学改进的依据。

捆绑评价：探索建立教育共同体成员校校长考核激励机制，完善考核评价制度，把教育共同体成员校的发展进步作为对核心校校长年度绩效考核的重要依据，把参与教育共同体共建作为对分校校长年度绩效考核的重要内容。加大对内生融合型教育共同体建设工作的考核比重，原则上不低于区域对学校考核内容或分值总量的20%。赋予核心校相应的考核评价建议权和对分校进行年度考核权。对考核优秀的教育共同体，教育行政部门可予以专项奖励。对积极参与教育共同体建设且办学水平提升明显的成员校校长，教育行政部门可直接或通过核心校进行奖励。

准入退出：建立优质校认定标准，完善成员校准入制度。依托第三方机构建立优质校标准体系，开展优质学校认定工作。开发学校校情诊断工具包，优化教育共同体成员校校情诊断流程和方法。开展新优质校评审，建立成长退出制度。以学年度考核、财政经费绩效考评等为依据，对教育共同体实施动态管理。针对已满五年合作期的集团成员校，引进第三方机构，参照优质校标准体系，开展办学评估，具备“造血”功能的成员校，依程序退出教育集团。通过集团化办学已成长为认可度高、质量优良的学校，鼓励其发挥辐射带动作用组建新的教育共同体，不断扩充优质教育资源覆盖面。

（三）建立外联共研型教育共同体，深入推进一体化教研训

外联共研型教育共同体是指组建跨区域教育教学研究联盟，针对不同学校教师发展需求，组建同学科、跨学科、校际和区域教研共同体，形成教师“教研训一体化”发展协同教研机制。建立学科核心备课小组、开展跨区域联动教研和培训、联合开展学术论坛和教学比赛等，以项目化推进的方式，在教师交流培养、教学研讨、集体备课、校本教研等方面实现借力发展，提升区域教育教研水平。

外联共研型教育共同体核心任务实行“研训一体、人才共培、教学共研、平台共建”的协作管理模式，在教学研究、师资培养等方面实现共生发展。

1. 研训一体

外联共研型教育共同体将融合教研、科研、培训、教学部门职能，联合各成员区域梳理教学实践中存在的真实问题，确定教研课题，并将课题研究成果转化为教师培训的主题，实现教研、科研、培训、教学有机融合。充分发挥核心校和名师的作用，通过师徒结对、以强带弱等方式，实现资源共享，优势互补，相互协调，共同促进教师专业发展。

2. 人才共培

充分利用各区域的教育资源和各校优秀师资，建立新教师跟岗实习基地和跟岗实习制度，对新教师实行“双导师带教”“多导师带教”。以名师工作室为基地，以“一师、一室、一团队”为途径，依托名师资源，对骨干教师、学科带头人实行“名师带教”“团队共长”。以教育共同体核心校为基地，建立中层干部挂职锻炼制度，对中层干部实行“名校联合培养”。

3. 教学共研

以项目合作方式，联合各成员区域教师参与教科研，建立园镇大教研、片区联动教研的“1+X”分层分类教研训模式，建立跨行政区域教研机制。跨行政区域大教研围绕“品质课堂”的研修主题，聚焦校长（园长）、教研员的学术领导力以及教师的阶梯成长，组织课堂教学展示活动，开展理论成果交流研讨。区域联动教研指以内生融合型教育共同体为基础，按照就近原则，吸纳跨行政区域学校，重新组成“片区”，围绕教育教学改革、课程建设和学科教学中面临的真实问题，开展一体化教研训活动，开展联合教研训活动。

片区联动教研：建立外联共研型教育共同体学科教研基地，确定一个成员区域为某一门学科的研究基地，由学科首席牵头，建立“1+X”教研团队，1 表示学校学科教研组，X 表示学校学科教师、区镇学科教研员、兼职教研员、学科骨干教师等研训项目团队成员。学校学科组将课题研究和教研活动转化为研修课程，以微项目为载体，学科首席教师带领项目团队，结合自身实际，开展研究与实践，聚焦关键问题，建立健全教研机制，探索问题解决的实践路径，促进学校优势学科建设，实现基于教研平台的课题、课程、课堂的一体化。

跨行政区域大教研：围绕品质课堂的研训主题，根据不同学段的核心教育教学问题、课程开发任务，建立“1+X”跨行政区域大教研模式，1 表示全年教科研贯穿一个重点主题，如课程设计、高效课堂、深度学习、跨学科教学等；X 表示各行政区域教研基地和学校根据情况选择相应的多种教科研活动形式，包括课题研究、课程开发、教学研讨等。

4. 平台共建

整合教学课件、教师干部、特色课程、研究课题等资源，建立教育共同体共享资源库，依托云平台，拓展教育信息平台功能，搭建教育资源共享平台、教学成果展示平台等。

教育资源共享平台：建立教学资源平台，成员校及学科名师定期将各学科优质微课、备课手册、示范教学视频等教学资料和关键知识上传到平台，不断完善教学关键知识库，方便教育共同体各校区教师下载使用。建立教师共享平台，汇集集团内所有教师的专业特长、兴趣爱好、个人规划等信息，建立教育共同体共享教师资源库，方便各项目小组的组建和协作交流。建立教育共同体课题共享平台，集合各校区的校级课题和区镇课题，梳理课题的要求和计划，建立教育共同体课题资源库，方便各成员校每位教师的申报。

教育教学交流平台：充分考虑教育共同体各成员区域的科研资源、教研特色，建立成员区域教研平台，开发各成员区域领衔学科，努力做到每个区域都有“领衔学科”和“教研基地”。

教学成果展示平台：搭建各种教育教学的展示平台，创办教育共同体教学节、课程展示周、优秀教师集团巡讲等教学展示活动。开展“学术论坛”等形式的教科研主题年会，集中展示全年的教科研成果，推动优质教学成果的推广。

（四）建立协作共创型教育共同体，推进学生活动统筹联动

协作共创型教育共同体是指由区域青少年活动中心领衔，与区域内各学校、高新企业、教科院所、实践基地、党政部门等组成的教育共同体。协作共创型教育共同体依托“科学家进校园”“艺术节”“科创节”等项目，利用区域的教育资源和发展特色，实行资源统筹、活动共创的协作模式，通过研学实践、访学交流、比赛展演等方式，联合创建特色品牌活动。

1. 资源统筹

根据科技教育主题和艺术活动需求，围绕科普研学、工程师进校园等主题建立科普活动基地。聘请科学家成为科技副校长，聘请工程师作为学校科技讲坛专家和学生科技项目的开发，邀请高新技术企业、大学研究院、艺术中心、社区中热心公益的家长志愿者、行业人士、艺术家等，成立艺术和科技导师团，负责校本特色科创项目指导，担任青少年活动中心、艺术社团活动指导等。

2. 活动共创

融合人文艺术与科学技术，结合各成员校、园镇的特色，发挥集团校成员优势，依托科学家进校园项目、中小学科创比赛、文化艺术展演，联合青少年活动中心、科研院所、高新企业，以线上科技创新实践、科普基地体验、科学普及、艺术表演为重点，开展包括科普研学、科普开放日、青少年创新峰会等校级和区级科技和艺术特色活动，打造松山湖青少年科创艺术节。

科普研学：以“培养科学思维，提升核心能力”为主题，根据青少年年龄和身心特点，开展科普研学活动。将青少年科普研学活动纳入学校课程计划，以云游科普馆、科研院所实验室参观等形式开展研学活动。建立科研院所与学校的长期合作机制，促进科技教育校内外有效衔接，激发科学兴趣，普及科学知识、弘扬科学精神，传播科学思想和科学方法，培养中小学生的创新精神、实践能力和社会责任感。

科普开放日：开展工程师进校园、高新企业等科普大讲堂活动，邀请园区高新企业的工程师，围绕科技前沿理论和实践研究，开展真正贴近学生的工程类讲座，注重探究式、体验式的模式，延伸科学内涵，突出动手实践、互动游戏、探索发现等实践环节，让学生有参与、有互动地参加学习活动。

青少年创新峰会：围绕青少年科技创新和艺术创新项目主题，开展以松科创少年说、科技创新论坛、与科学家对话、课题成果展示、主题创意作品展示等活动的青少年创新峰会。青少年活动中心将牵头负责项目统筹，各成员区域将以项目参与的方式负责峰会的策划和实施。

3. 合作共学

为实现优质教育资源的最大化融合，建立科技 + 艺术特色学校交流合作平台，发挥协作型教育共同体成员学校各自的优势，围绕特定的科创项目和研究课题，开展合作共学活动。打造科技和艺术特色学校，开展跨校体验等互访互学交流学习，让更多学生体会到教育的优质多元，推进不同学段学生活动的统筹联动。

课题研究：依托大学和科研院所的创新实验研究项目，开展中学生和大学的课题共研、成果共享活动。通过专家的引领和指导，让中学生参与到高校和科研院所的课题中，在大学生的指导下进行研究和成果分享，推进科学人才的培养。

跨校体验：依托幼小初衔接项目，开展幼儿园大班、小学六年级的开放日活动，通过学生进入学校参与特色课程体验、课堂体验、生活体验等活动，提前了解教学模式和校园文化，增进对不同学段的认识。

第二节　跨区域教育共同体共生实践要素

在跨区域教育共同体中，区域、学校、教师、学生四大发展对象将如何进行跨行政区域的交流协作，如何进行相互作用、共生发展是跨行政区域共同体有效构建和高效运行的关键。本节从理论出发，主要阐述区域教育共同体共生发展的保障要素、参与要素和管理要素，为搭建跨行政区域教育共同体提供实践指引。

一、共生环境保障要素

共生环境贯穿于共同体内各发展对象共生关系生成的全过程，是保障区域共生单元建构对称互惠一体化共生关系的重要前提，发挥外部环境正向作用，缩小各区域办学环境及资源等方面的差距。

外部“硬环境”同样影响着共同体的建设效果，目前，地域环境差异是区域教育共同体区别于其他共同体的关键要素，受跨行政区域的影响，跨区域教育共同体内教育政策、管理方式、财政资金等存在差异，导致在活动开展上存在诸多不便。

对于跨行政区域学校合作而言，部分位置偏远、性质不同的学校难以跟上城市核心校的节奏，导致线下活动组织难，前期协调困难较多，区域学校间尚无法做到更高的契合度和关联度，影响区域学校之间的资源共享与互动交流效率。目前，区域学校共生路径逐步转为线上线下结合形式的教学研讨、集体学习，借助日渐成熟的交流设备与信息平台，加快了资源传递速度。由于共同体外部政策力度的倾斜，目前地方政府及教育局等教育主管部门为共同体学校网络技术设备提供的专项资金支持、技术平台支持以及人员支持，能够在很大程度上缓解地域造成的区域学校共生障碍，由此分析，区域教育共同体中还需要重视技术环境的重要作用。

由于各行政区域自然环境所造成的地域环境差异是不可避免的，因此相比在同一学区内实施校际活动，区域教育共同体内集体办学、学生活动、教师流动等各类活动的实施需要根据共同体的独特性，充分考虑地域环境因素在活动中的影响。

二、共生单元参与要素

跨区域教育共同体的合作基础在于共生单元主体的主动参与，定位主体需求能够激发主体自觉参与共同体建设，适当的激励机制能够调动参与积极性，而在共同体中建立平等合作关系能够维持参与过程，进一步加强共生单元间的合作关系的稳定性。

（一）适当激励

在日常教学工作中，区域一线教师自身承担着一定的工作量，建立共同体需要教师将一部分精力投入共同体活动中，随着工作量日益增大，在确保教学工作的同时维持共同体活动效率，仅靠对活动的兴趣和热爱难以保持参与积极性，尤其当内在动机无法支持教师参与热情时，需要在共同体中给予必要的鼓励与奖励。

1. 目标激励有助于提高参与积极性

例如名师工作室中，每位教师都制定了个人年度目标，通过短期具体目标的设定，激发自身参与的主动性。除量化目标外，也有教师提到情感目标对参与活动的激励作用。

2. 同伴激励是能够真切感染到参与主体的激励方式

跨区域教育共同体将同伴间激励效应扩大到区域合作之间，在同伴的激励下，教师的成长需求能够被迅速激发，双方教师能够互相取长补短，在交流过程中，不仅能够获得学术上的收获，更有专业认知与专业态度的转变。通过同伴影响，在相互激励的环境下，能够帮助教师从内心认可自我主动发展的必要性，这样的激励能够促进教师在教育教学工作中走得更远，教师更能有意识地主动学习与互动，形成积极向上的参与氛围。

在共同体发展中，部分成员区域仍会处于弱势地位，共生单元主体在实现自身发展、学校发展、区域发展原始需求满足后，内部自我激励与持续的外部激励相结合的方式，有助于促进参与主体建立稳定长久的共生关系，进而实现共同体的稳定发展。

（二）平等合作

教育共同体是一个平等、包容的团体，在共同体建构环节中，每位共生单元主体都应当有同等参与到交流活动中的权利和机会，并能在共同体中获得参与感和幸福感，这也是维持主体参与共生关系构建的前提。

1. 在相互尊重的环境中，包容区域教育观念差异存在

平等合作体现在共生单元主体能够在相互尊重的环境中，包容区域教育观念差异存在，积极调动交流群体的参与，并允许自由地表达自己的观念和见解。

在学校共同体中，龙头学校具备更多的资源优势，传统帮扶理念下的成员学校话语权差距依然存在，在观念与思维碰撞中，容易因一方的主导性过强而导致另一方失去话语权。在学校共同体共生系统中，学校共生要以新能量即教育资源的生成为出发点，这意味着需要通过引导带动成员校及教师形成观念上的转变与创新，而这种转变与创新需要共同体构建一个平等自由的交流空间。

2. 主体平等合作关系构建需要依靠彼此间的信任

受跨区域教育共同体外部环境与内部单元间的差异影响，区域参与主体需要克服强势与弱势的地位差距，基于共生单元间互动与沟通，创建一个和谐的交流氛围，通过改变合作内容、合作方式、交流形式，增进双方的信任。不同主体增进沟通信任的方式不同，但都指向构建参与合作的融洽氛围，促进合作的良性循环。

3. 调动参与共同体建设的积极性

赋权领导对共同体中共生单元主体持续参与共同体活动至关重要，能够在构建平等合作管理关系的同时，调动参与共同体建设的积极性。其中，教师领导力是领导学生和其他教师的能力、参与学校政策制定并带动团队合作的能力、完成工作任务的能力。工作室共同体中的学员都为学校的骨干教师，部分

工作室能够有意识地培养教师的领导能力，通过赋予成员策划或主持活动的权利，有效地分享领导，保证成员都能够为实现集体发展而主动参与合作、积极共享。

三、共生过程管理要素

共同体内各发展对象稳定共生关系的形成是从非对称互惠到对称互惠共生的一个动态建构过程，因此，除了在共生单元主体参与层面以及外部共生环境层面共同发挥作用之外，有必要对跨区域教育共同体各发展对象参与共生的过程管理要素进行分析，确保共同体内进行有效互动，进而实现对称互惠、一体化共生目标。根据分析，实现优质均衡的关键仍然在于各类教育资源的优质均衡，而共同体内各发展对象共生发展的过程也是资源的共享与创生过程，因此，共生过程管理关键要围绕资源的共享和共创来对组织进行管理，最终实现优质资源及能量信息在共同体内生成并得到均衡配置。共生过程层面的管理要素主要包括：多元共生界面、共享资源质量以及优质资源创生。

（一）多元共生界面

在跨区域教育共同体共生系统中，共生界面作为各发展对象之间的“纽带”，用于加快资源信息交换频率，提升彼此之间的关联度，促进知识资源在共享过程中不断地创新与创生。目前区域间构成的共生界面主要由教师共生界面、管理经验共生界面、物质资源共生界面以及信息资源共生界面组成。

1. 教师共生界面

在教师共生界面中，包括区域教师的常规跨校交流活动、教研活动、名师工作室等。通过如同工作室这样的平台能够为教师专业成长提供所需外部环境，而这样的环境往往是一所学校难以提供的，通过这一平台的交流，既增强了双方教师的交流，各自学校教师也在展示中获得了经验与成长。名师工作室是一种有效的促进资源创生的载体，对培养骨干教师和年轻教师大有益处，对促进教育公平与均衡大有好处，比原先的学校结对或教师师徒结对效益更好，辐射面更大。究其原因，工作室本质是构建了一种可持续性学习的关系，在一个学习型组织中不仅有资源的共享，更重要的是实现了每个个体的多元化发展。

2. 管理经验共生界面

在管理经验共生界面中，区域学校校长及中层管理人员通常以联席会议、走访对方学校、举办学校管理交流会等形式开展交流。

3. 物质资源共生界面

在物质资源共生界面中，通过集团化办学的协议和理念唤醒，除了促进成员校所在区域对教育的教学实施投用以外，龙头学校所在区域也可通过捐赠、共享的方式，利用自身富余资源为成员校提供学校的教育教学设备。

4. 信息资源共生界面

在信息资源共生界面中，各区域根据共同体组织形态，建立多个不同的线上信息资源共享载体平台。相比于常规的区域交流，构建跨区域共同体关系的区域更强调依托各层面的多元交流界面，创建各类学习共同体，以此构建稳定的连续共生组织关系，增强区域学校共同发展紧密度。也就是说，为共生单元提供多元、个性，并且体现集体学习性质的载体界面更有利于组织关系的联结，有利于提升资源传递与使用的效率。

（二）共享资源质量

目前参与共同体的学校能够并且愿意主动分享本校已有教育资源，这意味着在大多数区域教育共同体内已形成了相对丰富的教育资源储备，具有共享的优质教育资源，例如优质师资、课件、教案、学生作品等。但教育的优质均衡并不仅限于资源的扩充，更在于有质量的教育资源在区域学校中的均衡分布，也就是说，在实现共生的过程中，需要在资源共享的前提下，关注共享内容的质量。

龙头学校在部分共同体活动中，能够有意识地提供本校相对优质的教育资源，但因跨区域教育活动机会珍贵，一部分教师群体缺少了在共同体中展示自我的机会。在非对称互惠共生阶段，一方面要确保活动质量，另一方面要考虑共同体主体的共同参与，区域教师差距的存在导致在部分共同体活动中难以兼顾质量与个人发展，因此这也是通过建立丰富的载体界面创设共生路径的必要性所在。

（三）优质资源创生

从共生能量生成的视角分析，在共同体非对称互惠共生关系中，共同体中的生成能量多偏重于龙头区域对成员区域的资源供给，导致在互动过程中仍存在利益资源分配的不对等，这也是在长期区域二元结构体制下形成的必然现象。而对称性互惠关系生成的前提是区域共生单元都能在已有资源共享基础上，创生新的资源，表现在共同创造与创新，一是要共同创造生成资源，例如教师自身专业素质提升、优质课程建设、校本课程开发、课题研究成果生成等；二是要共同创新发展，例如升级办学理念、明确发展定位、发展本校特色、激发学校活力等。

共享使共同体成员能够拥有共同的优质资源，即将本区域拥有的资源公开，例如，“把资料上传到学校平台”“把学校的教研资料和教研组学习内容整理好带过去”，在这一过程中，更体现的是分享。由于龙头校的主导性角色，龙头校教师自然成为资源的传播者，成员校教师更偏向资源的收集与套用。而共创意味着知识的内化，对原有资源再利用、再加工，转变为被教师自身所拥有和使用的显性或隐性知识，例如将在共同体内获得的课堂教学实践经验和理论知识转化为教学设计理念、将信息技术与课程教学结合、将各校创新管理经验与本土文化特色相结合等方式来实现。

成员校教师对所获资源的利用过程体现了对原有资源的转化及应用，各区域学校师生差异大，学情不同，教学方法难以普适，在实践过程中需要教师结合自身学校情况进行创造性的改进与使用，进而确保成效最大化。作为龙头校的导师，在共同体中的经验分享也要针对学习者的特性，提供更有效的内容，这一过程需要对自身原有知识进行再创造，同样能够获得新知识的生成。

根据上述分析，共同体内的交流过程之本质是互惠互利的，资源的再创造表现为共同体内各区域都能有所收获，共生能量趋向于均衡分配，因此可以说，资源创生是实现共生的重要标志之一。优质资源共创需要在过程管理中建立完善的共同体制度秩序、多元的共生界面，共生主体参与的结果能够在资源的创生中得以呈现，共同体外部共生环境保障最终服务于区域教育资源创生。

第三节 跨区域教育共同体建设的改进策略

一、共生环境层面：强化顶层设计，创新制度保障机制

外部共生环境保障贯穿于共同体各发展对象共生的各个层面，确保共同体整体向对称互惠一体化方向进化。涉及多方参与的共同体建设工程必须借助政策宏观调控，完善制度软环境，保障互动更加灵活流畅。

（一）完善区域教育共同体制度设计

跨区域教育共同体中各发展对象互动存在着利益分配、责任承担、管理权限等众多问题，政府作为各项政策制度的制定者与调控者，需要承担起优化共同体建设制度保障的职责，完善跨区域教育共同体制度设计。

1. 国家层面

在国家层面，当前与跨区域教育共同体建设相关的制度体系尚不完善，仍处于探索阶段。尽管不同地区社会、经济、文化等各方面发展水平不一，难以用统一的标准限定跨行政区域间合作共同体模式，但仍需要通过国家在区域协调发展与共同富裕的背景下，健全保障跨区域教育共同体建设的配套制度。由于跨区域教育共同体建设需要将地方自下而上创新性经验做法与自上而下的政策制度结合，因此需要从国家层面强化对建设跨区域教育共同体政策支持，积极推广各地有效的经验做法，鼓励各地自主创新，为区域学校共生发展提供宽松自由的政策软环境，为我国跨区域教育共同体学校共生发展提供良好的制度支持。

2. 各级教育行政部门层面

各级教育行政部门要充分认可跨区域教育共同体的重要性，将跨行政区域协同发展纳入教育发展规划并予以支持，提供足够的政策设计与制度供给。第一，加强项目管理设计。共同体活动多以项目的形式推进，因此，教育行政部门在制定共同体项目政策时，需要加强对共同体的动态监控，将各类共同体内各区域的发展情况、品牌影响力等作为管理指标，实现对共同体项目的

有效管理约束。第二，加强组织管理。教育行政部门需要在结对环节严格把关，在自主申报的基础上，有针对性地选择“联姻”合作，在尊重双向选择的同时，结合区域间的地理位置、生源情况、学校规模及办学特色等多个方面，为双方区域、学校做出最优匹配，确保共同体效益最大化。第三，拓宽资源投入渠道。跨区域教育共同体作为推进教育优质均衡的行政区域教育发展举措，具有资源投入大、周期长等特征，教育主管部门需要主动拓宽各类教育资源投入渠道。

（二）完善经费保障及使用机制

在确保共同体有效推进学校建设方面，政府应当明确对各行政区域教育管理的责任义务，尤其体现在对各类共同体经费的投入与管理中。各级政府及教育主管部门需加强经费的宏观调控，在推动跨行政区域各发展对象交流等方面承担起应有责任，为共同体学校提供共生的正向环境。

一方面，要对共同体内各种实际载体提供充足的经费支持，在有经济实力的行政区域，加大对共同体专项经费投用，确保在区域学校的工作坊、教师交流、活动申报、网络平台建设方面，能够为区域互动提供有效的经济财务支持，帮助参与共同体建设的区域学校摆脱额外财政压力，保障共同体中各项培训、科研教学活动有序开展。

另一方面，政府在顶层设计上需明确跨行政区域经费使用细则，精简烦琐的经费申报流程，节约不必要的时间成本。可以通过将项目专项经费委托给下属部门进行灵活自由的经费支配，以此健全经费的使用及管理机制。

二、共生单元层面：加强主体互动，完善共同参与机制

共同体共生最终要实现所有发展对象能够在原有基础上得到发展，其前提需要各区域的学校、教师、学生等共生单元具备参与意识，同时，共同体也应当为维持主体参与积极性提供必要的动力和保障。

（一）定位主体参与需求，确保交流互动针对性

1. 满足教师成长需求开展针对性活动

不同教师表现出不同的发展动机，共同体正是将有发展需求的教师凝聚

为一个团体，促进教师收获成长。对此，需要明确教师发展需求，借助“鼓励教师自愿申报参与、确定每次活动参与成员、明确双方活动交流形式”的流程，确保研修有效。对于年轻教师提供关于教学技能指导的集体听评课、跨校公开课等活动，对于教科研方面有需求的教师可以成立跨校学科教研小组，共同针对同主题的教研项目开展研修活动，针对不同层次的教师丰富学习共同体类型，确保活动内容能够满足不同教师的自我发展需要。

2. 丰富意见表达渠道

学校可以参照集团化的模式成立理事会，由每位管理层成员与部分教师代表参与。在学期伊始或期末，共同制订学习工作计划、教学目标或作出工作总结等，以此作为校长、教师表达自身及学校发展需要的主要渠道。此外，可以通过定期组织共同体各自学校的内部活动，使各校成员在相对熟悉的环境中，自由发表对一段时间内共同体建设的意见和建议，例如在教师代表大会、教职工大会等会议上向学校领导表达意见，使管理层第一时间知悉教师态度，进而有针对性地作出调整。

3. 要充分发挥共同体的优势促进各区域学生的联系

这要求共同体能够从学生成长的角度出发，为跨区域学生全方位发展考虑，利用核心区域的青少年活动中心，在区域间、校际间开展有计划的学生交流活动，例如，共同体内一所学校配套建有劳动田，另一所学校有配套手工作坊，跨校交流能够在有限的范围内将资源合理利用，使双方学生发展特长，发挥特长，也能在集体活动中进一步增强学生的情感联系。此外，区域学生之间线上的交流不应仅限于学科类同步课堂，更需要借助同步课堂的形式，开展跨校主题活动、竞赛比赛等，给予各区域学生更多交流想法、发表见解的机会。

（二）建立长效激励机制，激发主体参与动力

1. 通过明确的共同愿景引导区域各层次主体持续参与共同体建设

共同愿景是共同体形成的重要标志，由全体成员协商创造并广泛认可，共同的愿景和清晰的目标能够激励成员积极参与共同体建设，并在其中获得自我发展动机。针对联结而建立起的具有异质性的共同体，更应当通过广泛征集与多方参与制定明确的共同愿景。

一方面，在愿景制定中，应当避免“帮扶”“支援”“送暖”等词汇，注重强调“共同”“共享”“协作”“互补”等关键理念，从理念上传递出平等发展的、共同进步的共同体建设走向。

另一方面，愿景应当是共同体整体发展方向与个人发展目标的融合，尽管共同体组成形态不同，但都需要在愿景规划中充分考虑“大家是否具有共同的追求”“希望这个团体在未来发展中能够具备哪些特色优势”“在这个团体中能够获得哪些方面的知识”等一系列因素，以此建立明确的发展愿景。此外，共同体的可持续学习关键在于建立持续学习且动态生成的目标，促进个人与集体目标的不断调试，形成不断改进的双环学习过程。在愿景引导下，学校主体应当通过明确短期发展迫切需求与各阶段发展目标，激励自身主动参与到共同体的建设中，最终实现整体共同进步。

2. 完善学校共同体外部激励机制

一方面，要注重必要物质及经费奖励的作用，例如凡是参与共同体建设的给予经费奖励，用于本校的自我发展与提升，同时对自我发展成就突出，学生学业成绩、教师素质等方面提升较大的成员校给予奖励，通过物质激励，调动区域学校主体参与积极性，同时激发乡村学校自主发展动力。对于区域教育共同体内不同的合作模式，需要安排专项活动经费、绩效奖励经费等，提供充足的共同发展经费保障。

另一方面，对主动参与共同体建设的教师及管理人员的晋升和激励等制度进行改革，例如在职称评聘方面，对各类教育共同体中主动参与流动任教的教师，优先参与职称评聘。在考绩考核方面，适当提高教育共同体学校的各类评优评先名额比例，结合所在岗位的工作量、对学校的贡献程度等因素，向投身共同体建设的教育人员倾斜，激发共同体学校参与热情。

（三）实施民主对话协商，构建平等合作关系

实现共同体内各发展对象共生，关键就是推进教育共同体的有效合作、

真实合作，根据德国哲学家哈贝马斯的交往互动理论的内涵与实质，通过互动主体平等的交流与对话是实现交往互动行为的必要条件。对此，需要各区域跨越组织界限，促进各区域建立相互支持、双向合作的一体化关系，在融洽和谐的氛围中推进资源流动。

1. 要创建平等表达诉求和期望的机会

跨区域集团化办学的学校互动是多主体、多样化的互动，并且这种互动是双向、交叉的，尽管会在教学观念、学校发展理念等方面存在冲突与矛盾，但需要多元主体之间平心静气地商议各类问题解决方式。

2. 要加快文化培育，增进主体间信任

积极探索共同体内文化共享，有助于凝聚成员价值共识，创设平等的文化氛围。在共同体文化建设前期，应当丰富各发展对象的共同物质文化内涵，例如统一共同体学校学生的服装、校园旗帜、作业本印刷等，通过各种显性标识所携带的文化信息时刻影响成员，以建立对共同体的认同感。当共同体文化建设进入中后期，需要更加注重内隐文化构建，如通过课题研究成果、校本课程等体现出共同成果，凝聚文化共识。此外，可以开设共同体公众号，加强跨区域教育共同体集体活动的宣传，通过定期梳理总结，或是使用录音、图像、录像等多种方式保留共同体文化建设的情况，作为经验推广的分享素材，让参与群体了解活动意义、参与方式，促使各类群体形成对共同体的文化认同感，达成深度共识。

三、过程管理层面：创新载体界面，优化资源共生机制

实现共同体内每个发展对象和谐共生需要有新的教育资源在共同体共生系统中生成，并且能够合理分配。因此，共同体的建设作为新时代促进区域教育优质均衡改革的核心任务之一，跨区域教育共同体建设与发展需要指向加强对区域学校间资源配置的管理，借助具体的实践载体界面，构建学习型共同体，增强学校共生单元间的关联度，最终促进集体创生优质教育资源，实现学校共生单元在教师流动、网络交流、信息共享等多个层面建立起组织化、稳定

的共生关系。

（一）优化配置，整合与创新优质资源

区域教育资源共享是共生单元互动的主要内容，当前实现教育优质均衡的主要措施仍表现在尽可能促进龙头校优质教育资源流入成员校，这一举措在现阶段仍具有非常强的合理性，共同体应当在加快内部资源共享的同时，以区域优质资源的整合与创新为目的，促进新的资源在共同体内生成。

（1）在共同体建设初期，注重查漏补缺式的资源共享。在共同体建设初期，注重查漏补缺式的资源共享，对成员校在薄弱学科教师资源、物资设备资源、网络信息资源、学校课程资源等方面按需填补资源缺口。查漏补缺的前提是确保共同体内具有足够可支配的教育教学资源，对此需要对共同体内已有资源进行梳理，关注哪些资源可以参与共享、哪些共享的资源是对方学校所需等现实问题，避免因资源过度输出导致城市核心校力不从心或资源稀释，影响自身发展进程。此外，教师作为重要的资源共享载体，教师交流机制需要随着共同体的发展而不断完善，因此，应当不断健全教师轮岗交流机制，进而促进资源在共同体内有效循环。一方面，充分考虑教师个人意愿，以及成员校实际需要，促进教师跨校区教学、行政人员跨校区管理。发挥骨干教师引领作用，让骨干教师成为各校的公共资源，针对成员校部分学科薄弱、学科教师配置不合理等情况，调配相关教师参与作为导师。另一方面，逐步提高教师参与共同体交流的比例。可以成立专门的共同体教师流动专班小组，通过教师送教换学分等激励方式，开展有序的教师流动。

（2）在共同体建设中期，积极探索高质量共同体活动，促进共同体内资源创生重视跨校交流活动对区域教育理念交流与碰撞的作用，在共同体中，各区域学校各自举办的大型活动可以对外界开放，一所学校在本地开设讲座、研讨会等活动，可以邀请共同体内中小学校共同参与，促进学校间共同学习与经验交流，发展自身办学品牌特色。此外，增加共同组织的学术交流活动数量，例如共同体知识竞赛、联组教研、说课比拼、成果汇报等，由共同体内学校共同策划、轮流组织，创设交流共享渠道，在竞争与合作中促进各区域知识文化交

流，为更多渴望在共同体中得到发展的学校、教师、学生提供展示平台。

（3）在共同体建设后期，促进优质课程资源创生。跨区域共同体的共生发展的最后落脚点体现在学生的共生发展中，表现为跨区域学生共享优质教育资源，优质资源的共享直接体现在优质课程建设中，因此可以加快共同体内各校课程资源的重组，建立共享课程体系。对于跨区域教育共同体，学生日常来往活动不便，可以借助网络同步课堂、微课等方式促进课程资源交流，对此需要通过共同体内课程互通，建立校内校外丰富的课程体系，不断提升和优化区域的课程品质，在共享中拓宽优质课程适用边界，打造更具推广价值的精品课程。

（二）集体学习，创建多元学习共同体

根据霍德提出的学习共同体要素，龙头区域应发挥引领作用，创建多元共同体组织开展合作性学习及应用，区域学校主体需要充分认识到集体学习的重要性，打破各自为政的孤立封闭状态，促进集体学习。

在区域互动实践中，名师工作室被认为是促进区域交流的有效途径。可以进一步发挥名校长、名师、高校专家引领下的工作室效能，在组建跨区域教育共同体中建立各类工作室研修共同体。可以通过区域双方骨干教师引领，以学科为纽带，由同一学科领域的骨干教师和区域青年教师组成工作室、青年教师成长营等共同体载体，多渠道引领区域学校教师交流，以名优资源辐射带动教师成长。

（三）技术赋能，完善大数据平台支持

在当前信息技术高速发展的时代，需要充分认识到信息化指导的重要作用，利用互联网红利，提高共同体管理效能。在跨区域教育共同体建设中，需要充分发挥“互联网 +”在资源配置、平台创设、组织管理等方面的功能。

优质学习资源匮乏是困扰学校发展与师生素质提升的重要原因，共同体内部可以通过完善网络资源库建设解决上述问题。

一方面，要重视网络信息资源的共建共享，将每人每年资源上传数量作为共同体考评的指标之一，督促共同体内区域教师积极参与资源库的创建，此外，可以鼓励区域教师共同录制系列微课，在校与校的合作与比学赶超中相互借鉴，促进集体进步。

另一方面，共享资源的质量影响着共同体各发展对象对资源的利用和创生效率。在追求资源共享数量的同时，设立由不同学科组成的资源审核小组，制定资源上传标准，对所传资源进行筛选。此外，加强对资源内容分类，例如公开课课件及教案、常态课课件及教案、名师精品课、单元微课等，从而节约搜集资源的时间成本。

第四节　创设跨行政区域教育统筹融通机制，构建基础教育协同发展的“松山湖融生模式”

在全国区域化发展不断深入的背景下，打破区域教育发展各自为政，参差不齐的局面，促进区域教育协同发展是促进区域协调发展的核心内容，在全面建设社会主义教育现代化的进程中发挥重要作用。广东省东莞市存在没有设县，市管镇保留至今的行政管理特殊性。在基础教育转型寻求更高质量的发展进程中，这种 33 个镇街、园区强镇林立带来的发展碎片化问题是最大的掣肘。因此，必须要在市一级和镇一级之间加上中介一层，以划片组团发展形成合力，从而构建打破壁垒、共享资源、更加合作、有利于高质量发展的教育统筹体制机制，办好家门口的好学校，缩小不同行政区域间的教育发展差距。在这一过程中，松山湖高新区作为东莞市发展中支撑性、引领性、标杆性的高质量发展示范区，逐步落实市强化功能区统筹优化市直管镇体制改革，积极回应国家区域发展战略需求。

成果基于松山湖功能区教育优质共享、均衡发展的理念，构建了统筹有力、权责明确、三级联动的跨行政区域教育管理体制，强化松山湖教育统筹主导权，进而建立了共享合作、机制创新、资源重构的教育统筹融通机制，集中力量聚焦“区域发展—学校发展—教师发展—学生发展”四大教育发展主体，实施一系列的融生路径探索，有效突破跨行政区域教育协同的机制体制瓶颈制约，激活优质教育资源共建共生共享，重构区域间多维创生发展的教育生态。成果的实施有效促进了区域教育高质量发展，在实现区域基础教育均衡发展，建设更加公平的教育公共服务体系方面取得了显著的成绩，同时，在全国基础教育领域，为跨行政区域背景下教育统筹工作，提供了有示范和引领意义的教育协同发展模式。

一、问题的提出

1. 基于统筹理念的教育协同发展，是区域教育“基本均衡”走向“优质均衡”的重要途径。随着国家的社会经济快速发展，社会对教育的需求也越来越高，“有学上”，还要“上好学”已成为百姓对教育的迫切需求。全面推动义务教育从“基本均衡”走向“优质均衡”，进一步增强人民群众对义务教育改革发展的获得感，已成为办好人民满意的教育的重要内容和关键所在。一直以来，东莞市着力全面提高义务教育质量，促进教育公平，义务教育均衡发展巩固提高，取得了显著成效，但东莞仍存在着优质教育资源总量无法满足需求，优质教育资源分布在区域间、校际间仍存在较明显差距等发展不平衡的问题。同时，随着松山湖高新区高科技要素集聚，高层次人才、科学家及随迁子女逐年增加，对优质教育资源的渴望也出现了爆发式增长和外溢，促使松山湖与周边镇街进行教育合作，通过优质教育资源的共建共享，打破强者更强、弱者更弱的两极分化局面。跨行政区域教育统筹发展是实现松山湖与周边镇街教育均衡的一条有效路径，而基于统筹理念的教育协同发展更是实现区域教育“基本均衡”走向“优质均衡”的重要途径。

2. 基于区域状况的教育组团发展，是区域教育突破资源差异壁垒，实现优质化发展的关键。东莞市一直以来的“市管镇”扁平化行政管理，促使东莞市整体经济、社会取得长足发展，但各镇街之间因行政、经济、文化等差异的多重原因，教育领域的统筹与协同存在壁垒和瓶颈。为了突破协同发展的壁垒和瓶颈，近年，东莞市提出教育统筹发展、共享教育资源的教育发展目标，并出台了系列的相关文件。例如:《中共东莞市委、东莞市人民政府关于推进园区统筹组团发展战略的实施意见》(东委发〔2017〕9号);《关于修订〈东莞市教育局实施片区管理责任制工作方案〉的通知》(东教办〔2018〕1号);《关于印发〈松山湖高新区落实市强化功能区统筹优化市直管镇体制改革工作方案〉的通知》(松工委办发〔2019〕4号)等。这一系列文件逐步构建了松山湖园区与石龙镇、寮步镇、大岭山镇、大朗镇、石排镇、茶山镇、企石镇、东坑镇、横沥镇统筹联动组团发展的新格局，给地方行政部门和教育主管部门确立了区域教育统筹发展的理念和方向。

为了精准把脉区域教育协同发展的问题和出路，松山湖进行了长达一年的功能区深度调研，调研结果显示：松山湖功能区各镇街行政独立，教育政策各有不同，资金投入、激励政策、政府以及教育部门支持力度等方面的制度制约是区域教育协同发展需要突破的关键困难。以教育统筹理念实现区域统筹组团发展，让区域教育资源运用的效果最大化，必须强化松山湖教育统筹主导权，构建切实可行的管理体制和统筹机制，成为松山湖功能区的教育优质均衡战略的关键出路和重要内容。

基于上述的现实情况分析，我们坚持以问题为点，以项目为线，以区域为面，形成点线面结合的机制探索和路径实践，历经六年，最终构建了基础教育协同发展的“松山湖融生模式”。

二、解决问题的过程与方法

遵循规律、大胆探索、协同改革、创新模式，松山湖功能区教育优质均衡发展的实践与探索具有重要的现实意义。为破解资源融通与教育体制之间的现实矛盾，突围松山湖功能区教育统筹的困境，实现资源运用的效益最大化，解决问题主要聚焦于：其一探索保障园镇间跨行政区域教育统筹的有效机制，其二探索教育协同发展的有效路径。

第一阶段：搭建“1+2+3”的顶层设计，统筹推进区域教育的组团融创（2017 年 9 月—2018 年 6 月）。

打破园镇间因跨行政区域教育制度各不相同的统筹壁垒是进行教育协同发展的第一步。为确保功能区教育统筹工作顺利有序推进，在功能区园镇主要领导的大力支持下，松山湖协同各镇街、教育部门共同研究、多方联动。一是成立了一个协调小组。2017 年底，成立了由园镇相关领导担任正副组长的松山湖功能区教育统筹发展协调工作小组，具体负责教育统筹工作部署安排，并接受松山湖功能区推进统筹组团发展工作领导小组的领导。二是制定了两份工作方案。制定《松山湖片区教育统筹发展工作方案》，并于 2018 年 4 月经片区第五次联席会议通过，明确了未来五年区域教育统筹的方向和路径；2018 年 6 月，制定《东莞市教育局教研室松山湖功能区教研分室工作方案》，明确提出了松山湖功能区教育统筹的工作要求。三是确定了三项推进措施。2018 年起，根据功能区教育统筹发展的工作方案，形成了在集团化办学、教师联动培训和教研、学生联动学习等方面进行探索的工作思路。通过顶层设计的组织架构、工作要求和推进措施的明确，初步打破了合作壁垒的现状。

第二阶段：实施“三点一线”的实践探索，多维探寻协同发展的路径（2018 年 7 月—2021 年 12 月）。

有了顶层设计的支持，根据功能区教育统筹发展的研究方案，2018 年 7 月，基于《松山湖片区教育统筹发展路径探索》的课题研究，着力在项目实践研究的过程中，从学校发展、教师发展、学生发展三个方向选点，以求突破创生路径。

一是聚焦学校的多元化发展，探寻学校教育资源的区域优化和学校共生发展的路径。以集团化办学为抓手，开展跨行政区域办学的行动研究，探索区域教育资源优化整合的路径。围绕人事安排、教师待遇、激励政策、政府之间如何协助、教育部门之间如何互动、校际之间如何共建的关键问题，团队基于《松山湖功能区集团化办学研究》的研究课题，实践与理论相结合，通过跨镇街集团办学的多元化实践，顺利建构出“功能区集团化办学的基本原则、发展目标、集团类型”等内容，为跨镇街集团化办学实现优质资源的融通运用搭起学校组团和创生发展的支架。

二是聚焦教师的专业化成长，探寻教师教育资源的区域优化和教师内生发展的路径。教师成长是教育质量提升的重要环节，要突破园镇间培训资源和教研力量的差异，需要转变园镇间被动的教师交流思维，创新培训、教研一体化的理念，打造教师交流新模式。团队基于区域教师专业化成长的“需求值和期待值”的调研结果，以共建 · 共享为导向，通过加强区域教师统筹培训和联合教研，实现教师教育资源的整合、优化和合理运用，促进教师研训方式的变革，促进教师的内生发展，同时，形成了东莞“慧教育 · 慧课程”的教师教育品牌经验和样板化成果。

三是聚焦学生的差异化成长，探寻学生教育资源的区域优化和学生互生发展的路径。在学生教育上，坚持以人才的差异化成长为培养目的，基于区域实际，积极探索学生联动活动的新样态。团队坚持以课程育人为抓手，通过区域课堂整合和优化，提升课程质量。近年来，松山湖分中心对培训课程进行了梳理和整合，汇编了涵盖音乐、舞蹈、美术、科技、体育、综合 6 大模块 39 个项目课程的《课程纲要》。另外，坚持学生课程的活动创新，由松山湖分中心牵头，联合功能区各镇街打造面向功能区学生的特色活动，以优质的课程活动托起区域课程育人的目标，实现学生差异化的互生发展。

第三阶段：深化“共享共生”的机制研究，创设有效融通的体制机制（2021 年 12 月—2022 年 12 月）。

针对前期顶层设计和路径探索，有效地把松山湖的优质教育资源共享到功能区周边镇街，如何让教育协同发展的合作边界更开放更稳固、让共享向共生迈进，需要进一步深化机制研究。为此，2021 年 12 月，团队基于东莞市的改革攻坚项目《探索推动区域基础教育高质量发展统筹机制》的研究，探索构建了跨行政区域的统筹协调机制、教育发展共同体的合作机制、教育教学新样态的生态实验、师资队伍发展机制、数字化赋能均衡发展新格局。

通过建立跨行政区域的教育统筹制度和体系，理顺跨镇街人财物管理。探索园镇之间的融通机制，真正打通了镇街各自管理的壁垒，促进了区域教育协同的高质量发展。集团化办学通过构建科学合理的集团合作框架并与各镇街政府签订管理协议，制定集团章程和发展规划，设立集团化办学专项资金，涉及学校发展理念、教育教学、组织架构、人事安排、工资待遇等人财物管理权限统一按照松山湖的标准执行。探索出了功能区“1+9”初中教研员交流制度和教师发展机制，把功能区教师培训纳入全市教师培训的整体规划，借助市教师继续教育指导中心、市教师进修学校的力量，多形式、多层次、多路径开展功能区教师“联合研训”，提高教师培训的针对性、可操作性和实效性，解决各镇研训力量不均衡等问题。在教育教学新样态上，通过优质课程的共生共享和数字化赋能，促进园镇间各校深度融合交流，从而深化集团内成员校课程教学改革，充分结合成员校镇域文化、学校特色、科学拓展、办学取向等因素，丰富课程资源的共生，真正做到“授之以渔”。

三、成果的主要内容

融，指融通、交融；生，指生长、共生。本成果以“融”为理念，强调区域教育资源的融合和融通，以实现教育创生和共生。基于教育功能与教育资源的均衡生长理念，本成果确立了以“融”为特征的区域教育资源融通创生新理念，聚焦“区域发展、学校发展、教师发展和学生发展”教育四维，构建了区域教育协同发展双融创新模型，创设了共享合作、机制创新、资源重构的教育统筹融通机制，形成了跨行政区域教育协同发展的有效策略——“松山湖融生模式”。

（一）以“融”为特征的区域教育资源融通创生新理念

好的教育理念来源于教育改革实践。本成果基于融通理论和生长理论展开研究。在该理论的指导下，本成果强调教育即生长，尊重教育科学、遵循客观规律，通过优势互补、融合共生，重视各园镇主体之间的相生发展，促进区域教育往更好、更均衡的方向生长，为跨行政区域的教育统筹发展探索出校际发展共生路径、教师发展内生路径、学生发展互生路径，形成了功能区园镇之间的融通机制。同时，通过实践探索丰富理论意义，加深功能区各学校领导和教师的理论意识，打造共建共享共育的教育统筹发展理念。

（二）构建了区域教育统筹发展双融创新模型

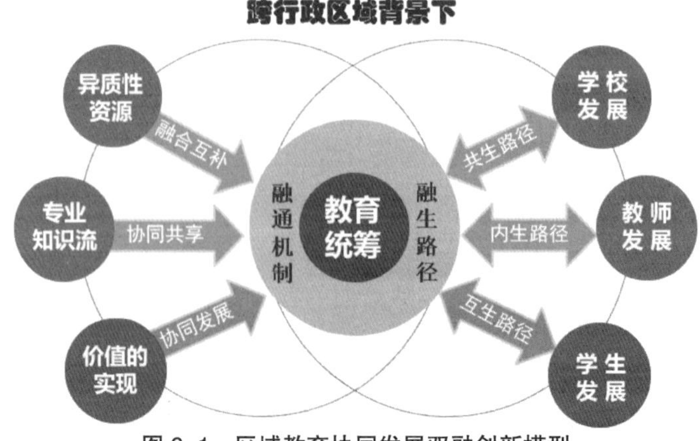

图 6-1　区域教育协同发展双融创新模型

双融创新，主要包括一是区域资源差异化整合运用的融通机制，形成了上下互动和内外联动的园镇融通机制，其中包括：跨行政区域的统筹协调机制、教育发展共同体的合作机制、研训一体化的师资队伍发展机制、学生活动联动机制、托管型 + 紧密型 + 复合型多元特色的集团化办学发展机制，以及区域资源共建共享的共生机制等。通过异质性资源的融合互补，不断提升园镇之间协同并优化配置异质性资源的能力。通过专业知识流的协同共享，在政府和政策的引导下，选择合适的教育发展合作伙伴，实现专业知识流的协同共享。通过各园镇的资源、知识、政策整合在一起能够创造出更多的 1+1>2 的协同发展价值。

二是发展对象的个性化成长的融生路径。其一，以集团化办学为抓手，通过教育文化、办学理念、教学设施、名师资源、教研模式的优化融合，形成校际发展共生路径。其二，以共建共享为引领，融贯培训资源、教研资源、品牌资源，形成教师发展内生路径。其三，以人才培养为目的，融通特长共培、社团共建、导师共聘、活动共联等机制，形成学生发展互生路径。融通强调和解决的是区域教育资源的有效整合，以实现效益最大化。融生强调的是教育发展对象包括学校、教师和学生基于相应资源有效运用实现的生长方式。

（三）形成了区域教育协同发展融生发展的有效策略

1. 顶层设计 : 体制机制建设打破合作壁垒

建立完善功能区统筹义务教育的组织架构和运行机制，推动功能区义务教育统筹发展常态化制度化。建立功能区统筹发展利益平衡机制，促进功能区教育共建共享共赢。构建功能区统筹义务教育优质均衡发展评价指标体系，引导功能区不断提升统筹发展效益。

2. 共同体策略：“一中心 N 学校”互动为合作抓手

区域教科研队伍的专业发展和学校的办学发展是教育高质量发展重要的两大牵引力。一是探索建立松山湖功能区联合教研机制和“1+9”初中教研员交流制度，组建功能区教育教学研究中心，建立“项目 +”的区域发展实践；二是深化托管型 + 紧密型 + 复合型多元特色的校级合作发展，开展校际发展、教师发

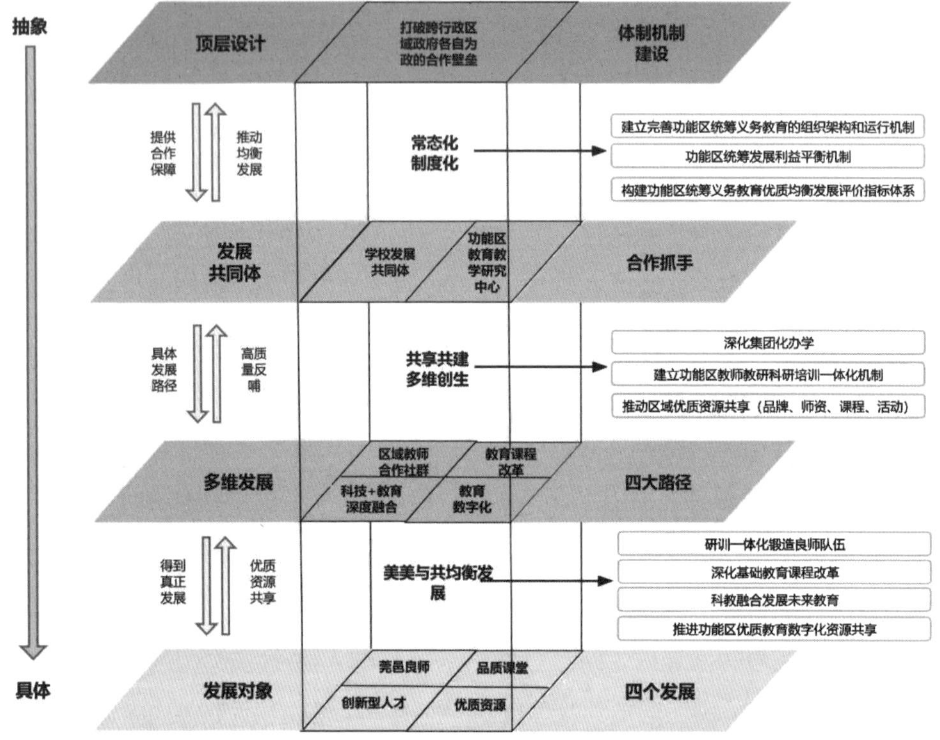

图 6-2　区域教育协同发展的有效策略——“松山湖融生模式”

展、学生发展的专题研究和活动联动，形成教科研一体化统筹常态化发展路径。

3. 四大路径：实现四大发展对象高质量发展

路径一：学校发展共生路径。

为区域学校的办学发展提供了三个策略：集团化办学机制—课程植入—课程再生。

通过优质的集团化办学合作，深化基础教育课程改革，加强功能区课程融合能力和特色课程开发能力，探索学段贯通。加快推进品质课堂建设，以培育创新型人才为目标，利用人工智能、大数据等手段，探索建立新型教学关系和教学模式，构建功能区教育教学新生态。建立优质教育资源共享机制，推动课程资源、图书馆藏书等资源共建共享。

路径二：教师发展内生路径。

为区域教师的成长发展提供了三个策略：协调机制—研训一体—名师建

设。从而建立功能区教师教研科研培训一体化机制，建立区域教师合作社群，聚集和培育优质教师资源，并以集团化办学为抓手，探索开展优秀教师走班式教学服务，推动优质教师资源共享。

路径三：学生发展互生路径。

为区域学生的成长发展提供了三个策略：统筹平台—校外资源—活动联动。基于松山湖青少年活动中心的统筹合作、资源共享优势，松山湖积极推动“科技＋教育”学生联动活动的新样态，打造了五大面向功能区各镇学生的特色活动。松山湖以人才培养为目的，融通特长共培、社团共建、导师共聘、活动共联等机制，形成差异化发展的学生互生。

路径四：区域发展创生路径。

为区域的教育发展提供了两个策略：数字化赋能—资源有效融生发展。打造功能区信息化教学创新团队，提升功能区互联网应用开发能力，开展信息化教育教学协作共享，形成优质资源流转智力长廊。建立信息化精准帮扶平台，推进线上名师帮扶指导和学科团队集体协同备课，提升薄弱学校教师专业水平。深入开展“莞式慕课”，推进功能区优质数字教育资源共享，打造区域互联网赋能教育均衡发展亮点品牌。

四、主要成效：形成高质量发展合力

（一）形成行政驱动：凝聚高质量发展的领导力

推动功能区教育高质量发展，离不开各镇街的顶层设计、大力支持和强力推动，行政驱动能高效高质地统筹推进区域教育的组团与融创，唤醒功能区镇街优质均衡的教育思想。

通过统筹功能区内的教育教师培训、教研互动、学生联动，让功能区内的优质教育资源合理流动，实现功能区教育的“资源共享”，有助于学校教育资源优化，提升教育品质；通过成立跨行政区域集团化组团办学，实现不同层次学校“品质提升”。品牌的建立有效提升了学校的品质，得到家长和社会的认可。同时，通过成员校中优质学位的共享，形成双向互利的资源循环和滚筒发展效应。

（二）实现品牌带动：提升集团化办学的辐射力

有了第一轮集团化办学的五年经验，在第二轮集团化办学工作中，松山湖以“建设高质量教育体系”为目标，以品牌学校辐射带动为契机，以深化集团化办学为抓手，实施“名校＋分校”“名校＋新校”“名校＋弱校”等办学模式，大力开展教育高质量发展实践探索。一是开启后集团化时代，激发成员创生新动力，促进跨镇街集团化办学从“共享—联动”向“联动—创生”的自我造血转变。二是探索连贯培养改革，实现协同发展新价值。开展小学、初中教育衔接与连贯培养改革，探索学段贯通、课程贯通、资源贯通人才培养模式，促进跨镇街集团化办学工作从“实践、认识”向“实践、认识、再实践”的新台阶迈进。三是建立飞行导师运行机制，注入持续发展新力量。从“亲力亲为”转变为“指导提升”，从“外部输血”转变为“自我造血”，通过飞行导师运行机制，进一步注入跨镇街集团化办学持续发展的新力量，为进一步扩大跨镇街集团化办学的广度和深度提供人力保障。

（三）落实专业引动：增强教科研队伍的牵引力

教师的专业发展是教育高质量发展的重要牵引力，为促进功能区教科研的发展，补齐初中教研工作的短板，松山湖对功能区的教育教学工作、教师发展工作、教科研工作进行统筹，探索出了功能区“1+9”初中教研员交流制度的雏形。通过先行先试，组建骨干队伍，形成“小学语文品质提升＋东坑”“小学科学品质提升＋石排”“小初学段衔接探索＋东坑”“质量监测结果应用能力提升＋功能区”等实验项目。松山湖以“项目＋”为抓手，完善了市、功能区、镇（园区、街道）、校四级教研工作体系，形成了教科研一体化统筹常态化发展路径。

（四）形成资源互动：强化高质量发展的助推力

推动优质课程共享共生。通过课程顶层设计，构建以国家基础课程为主体，特色课程为辅助的品牌课程体系，提供资源共享平台，共享优质课程资源和教学资源，促进集团内各校深度融合，从而深化成员校课程教学改革。充分结合成员校镇域文化、学校特色、科学拓展、办学取向等因素，丰富课程资源的共生，真正做到“授之以渔”。落实优质师资共培共学。把功能区教师培训纳入全市教师培训的整体规划，借助市教师继续教育指导中心、市教师进修学校的力量，充分利用和整合功能区优质教育培训资源，结合功能区教师发展的需求，合理规划教师培训项目和内容，多形式、多层次、多路径开展功能区教师“联合研训”，提高教师培训的针对性、可操作性和实效性，解决各镇研训力量不均衡等问题。

参考文献

[1] 孙和保 . 给区域教育高质量发展推一把力 [N]. 中国教师报，2023-09-27（015）.

[2] 张万朋，邱恬 . 区域教育治理秩序：要素构成与生态重构 [J]. 化工高等教育，2023，40（04）：120-128.

[3] 刘开双 . 深化课堂教学改革，助推区域教育高质量发展 [J]. 湖北教育（政务宣传），2023（08）：46-47.

[4] 范喜艳 . 现代信息技术赋能区域远程教育一体化高质量发展研究 [J]. 中学地理教学参考，2023（22）：95-96.

[5] 陈如平 . 以系统性评价改革构建良好区域教育生态 [J]. 中国基础教育，2023（08）：40.

[6] 厉浩，殷峭峰，刘政，等 . 以城乡结对互动课堂促进区域教育优质均衡发展 [J]. 在线学习，2023（07）：72-74.

[7] 朱丽华，王凯 . 以增值评价助推区域教育高质量发展 [J]. 中小学管理，2023（07）：31-34.

[8] 熊秋菊 . 区域教育数字化转型生态建设：低代码开发与应用 [J]. 上海教育，2023（19）：54.

[9] 王万致 . 党建引领“上有质量的课”，助推区域教育发展 [J]. 福建基础教育研究，2023（06）：20-22.

[10] 李波，安丰顺 .“数字赋能”推动区域教育高质量发展 [J]. 山东教育，2023（17）：57-58.

[11] 李晓峰 . 学区治理，破解区域教育均衡发展难题 [J]. 四川教育，2023（12）：13-14，18.

[12] 晏妮 .“优质均衡”导向下区域教育联盟的实践与思考——以成都市

第四区域教育联盟为例 [J]. 四川教育，2023（11）：16–17.

[13] 王玉龙 . 数智技术赋能区域教育治理：现状、问题与路径 [J]. 中国信息技术教育，2023（10）：86–89.

[14] 曲瑞峰 . 以教育信息化推进教育现代化实现区域教育优质均衡发展 [J]. 辽宁教育，2023（10）：23–25.

[15] 林君芬 . 面向区域协同发展的教育资源支撑平台研究 [J]. 中国教育信息化，2010（14）：58–62.

[16] 杜绍锋 . 推进基础教育高质量发展的区域探索——以广东省东莞市松山湖园区为例 [J]. 基础教育参考，2021（09）：21–23.

[17] 代俊华，李俐均，吴立宝 . 以陶行知教育思想助推区域教育高质量发展 [J]. 现代中小学教育，2023，39（04）：9–12，63.

[18] 孙虹 . 信息技术助力区域教育管理高质量发展 [J]. 中学地理教学参考，2023（08）：81.

[19] 李梦婷，王丽媛，曹碧雪 . “双减”政策背景下区域协同教育发展路径研究——以川南 Y 市为例 [J]. 文教资料，2023（05）：142–145.

[20] 赵根厚 . 引领带动，协同发展，共推区域教育优质均衡发展——赵根厚“名校长 +”领航研修共同体纪实 [J]. 陕西教育（综合版），2023（Z1）：45–46.

[21] 钱家荣 . 探索区域教育科研品质提升的策略 [J]. 江苏教育，2023（06）：66–67.

[22] 任雪 . 以深层次课改推动区域基础教育高质量发展——专访江苏省无锡市梁溪区教育局局长周唯巍 [J]. 教育家，2023（23）：42–43.

[23] 白雪，文军庆，方丹，等 . 促进区域基础教育高质量发展的五个策略 [J]. 中小学信息技术教育，2023（Z1）：30–32.

[24] 吴盈盈，张文佳，盛颖霞 . 区域协调，推进基础教育高质量体系建设——来自“第二届中国基础教育论坛 区域教育治理分论坛”主题沙龙的声音 [J]. 中国基础教育，2023（05）：74–77.

[25] 段丹洁 . 探索区域教育协同发展新路径 [N]. 中国社会科学报，2022-12-21（01）.

[26] 赖晓葭 . 智慧协同：区域教育中发挥社区功能的优化策略探究 [J]. 教育理论与实践，2022，42（21）：18-22.

[27] 陈夏红 . 区域间高等教育协同发展水平测度及影响因素研究 [D]. 西南大学，2022.

[28] 郭涵，刘光艳，王晓琳 . 以“校长工作室建设”推动区域教育协同发展 [J]. 中国教育学刊，2021（S2）：180-183.

[29] 徐晶晶，黄荣怀，胡卫平，等 . 区域基础教育信息化协同问题审视与困境归因 [J]. 电化教育研究，2020，41（11）：33-39.

[30] 徐晶晶，胡卫平，赵姝，等 . 区域基础教育信息化协同发展的关键条件要素与动力寻绎 [J]. 现代教育技术，2020，30（07）：35-41.

[31] 曹燕 . 长三角区域高等教育协同发展政策优化研究 [D]. 华东师范大学，2020.

[32] 赵华军 . 区域教育信息化协同推进机制创新与实践探讨 [J]. 中小学电教（教学），2019（11）：1-2.

[33] 马秀萍 . 区域教育信息化协同推进机制的构建探寻 [J]. 试题与研究，2019（32）：27.

[34] 徐晶晶，黄荣怀，王永忠，等 . 区域教育信息化协同发展：挑战、实践模式与动力机制 [J]. 电化教育研究，2019，40（06）：43-49.

[35] 柳国梁 . 创建面向区域教育发展协同创新中心的实践与思考 [J]. 宁波教育学院学报，2018，20（03）：1-4.

[36] 曹瑞，郑彩华，郭滇华 . 以跨区域质量监测推进京津冀基础教育协同发展 [J]. 教育科学研究，2018（01）：43-46.

[37] 李纯果，孙慧佳 . 京津冀协同发展背景下区域高等教育均衡发展研究 [J]. 大众科技，2017，19（11）：117-119.

[38] 白胜楠 . 京津冀区域成人高等教育协同发展策略研究 [J]. 河北广播电

视大学学报，2017，22（03）：24–27.

[39] 连晓庆，卢亚楠，王波 . 区域协同视角下高等职业教育的发展模式研究 [J]. 中国职业技术教育，2017（15）：74–78.

[40] 左明章，卢强 . 区域教育信息化协同推进机制创新与实践 [J]. 中国电化教育，2017（01）：91–98.

[41] 左明章，雷励华 . 协同视角下的区域基础教育信息化建设过程模式研究 [J]. 电化教育研究，2016，37（07）：19–26.

[42] 刘鹏昊 . 区域间高等教育协同治理研究 [D]. 大连理工大学，2016.

[43] 王德华 . 从协同走向均衡——区域基础教育发展路径选择 [J]. 教学与管理，2014（12）：36–38.

[44] 刘静 . 我国区域高等教育协同发展及其对综合水平的影响 [D]. 湖南大学，2014.

[45] 陶宇炜，封红旗，王娟琳 . 面向区域教育协同发展的高职教育资源整合研究 [J]. 黑龙江教育（高教研究与评估），2013（07）：5–6.

[46] 黎亮 . 整合功能的区域协同教育信息系统构建模式 [J]. 现代教学，2012（12）：69–71.